ゼロからスタート！

教育系YouTuber ルネスタよしおの

運行管理者 貨物

1冊目の教科書

運行管理者 貨物 講師
ルネスタよしお 著

KADOKAWA

本書の特徴

合格率9割、YouTube330万回再生の ルネスタよしおが合格を強力にサポート！

1冊目の教科書に最適！

難解な法律の条文も わかりやすく 解説します！

運行管理者 貨物 講師
ルネスタよしお

大手物流会社に勤務し、運行管理者試験の受験者への講義などを行い、合格率は9割を誇る。登録者数2.8万人超のYouTubeチャンネル「ルネスタよしお【運輸安全講師】」では、試験対策動画などを公開。「動画だけで一発合格できた」などと受講者から好評を得ている。

STEP 1 ルネスタよしおのここがすごい！

1 大手物流会社で試験対策講義や合格後の実務講習などを行い、合格率9割！

運行管理者試験対策の講師歴は約6年で、合格率は9割。「わかりやすい」などと人気のYouTubeの講義動画は、330万回再生を誇る。

2 これまでに多くの資格を取得。独学合格のポイントもバッチリ！

運行管理者のほか、第一種衛生管理者、衛生工学衛生管理者なども取得。学習経験が豊富だから、必修ポイントも押さえて解説！

受講者の声

- 聞き取りやすい話し方とポイントを絞ったわかりやすい説明で、とても勉強しやすく、理解を深めることができた
- 本当にポイントが凝縮されていると実感し、間違いなく合格への近道だった！
- とてもわかりやすい解説でスッと頭に入ってきた
- 試験中には、よしおさんの声で問題が脳内で再生されるほど講義に聞き入った
- 背中を押してくれる言葉をいただき、がんばることができた

STEP 2 合格への**確実な一歩**が踏み出せる

試験は、基本的に正答率60％以上で合格できます。しかし、法律の条文がそのまま出題されることがあり、細かい字句や数字を覚えて専門的な知識を正しく理解していないとなかなか得点できません。本書は、実務にも通じる試験の頻出ポイントについて、難解な法律の条文などをかみ砕いて解説。学習の最初に読むことで、テキストや問題集での学習に進んだ際に、確実に理解が深まります。

STEP 3 **最短ルート**の学習法を示します

その1 人気の講義動画をベースに出るところを凝縮！
YouTubeの人気講義を誌面で再現。試験の頻出ポイントを押さえたムダのない解説で、最短で基礎知識が習得できます。

その2 重要事項は図表で整理。記憶に定着しやすい
運行管理者試験は暗記項目が多くあるため、単に暗記するのではなくそのルールをストーリーとして理解することが大事です。整理されたポイントを図表で何度も見返すことで、知識の定着が図れます。

その3 10時間で読み切れる見開き構成
試験合格に必要な基礎知識を1冊に凝縮。1項目が見開きで、左にポイントを押さえたわかりやすい解説、右に理解しやすい図やイラストが満載で、どんどん読み進められます。★〜★★★で「重要度」も掲載。

本書で試験に必須な
ポイントを学び、
合格へ一直線！

はじめに

はじめまして！ YouTube「ルネスタよしお【運輸安全講師】」で「運行管理者 貨物」の講義動画などを配信している、ルネスタよしおです。数ある運行管理者書籍のなかから本書を手に取っていただき、ありがとうございます。

運行管理者は、**安全な貨物の輸送を実現するために自動車運送事業者に選任される者で、国家資格**です。

運行管理に関するルールや違反した場合の処分などを知らないまま運行管理者の業務に従事すると、事業者から指示された業務内容や事業場の慣習が「すべて正しい」と思い込み、「正しいことをしていたつもりが、実は間違ったことをしていた」といった事態になるおそれがあります。実際のところ、知らぬままルールに違反し、運行管理者が行政処分を受けた事例があります。

本書は、そうした**悪意のない無知を防ぎ、多くの運行管理者やこれから運行管理者になる人を正しい方向にサポートしたい**との思いで執筆しました。

正しい運用や指導をしなかった責任は、基本的に事業者にあります。ただ、運行管理者が正しいルールを知っていれば、普段のルーティン業務や事業場の慣習において、**ルール違反をせずに済みますし、事業者に改善の助言をすることもできます**。

本書では、**試験合格のために必要な基本的な知識、実務に直結した正しいルールを10時間でざっと身につけられます**。試験に頻出する法令文などをわかりやすい言葉で解説していますので、本格的な試験対策ができる『この1冊で合格！ 教育系YouTuberルネスタよしおの運行管理者 貨物 テキスト＆問題集』と併用すれば、より効率的に合格まで突き進むことができます。

自分や事業場を守り、変わりゆく運送業界に適応して勝ち残るには、正しいルールの理解が不可欠です。

本書で正しいルールを身につけて合格をつかみ、運行管理者として活躍されることを心から祈念しています。一緒にがんばりましょう！

運行管理者 貨物　講師
ルネスタよしお

合格に必要な勉強ポイントをがっちり押さえて最短・独学で合格をゲット！

● 難解な法律文をわかりやすい言葉で学べるトリセツ的な1冊

　運行管理者試験は、合格率が30％前後の手ごわい試験です。一因として、問われる内容がかなり専門的で、法律の条文がそっくりそのまま出題される、細かい字句や数字を覚えていないと正答に至らない、などがあげられます。

　このことからも、**学習内容は法律がメイン**です。ただ、日常的に接することが少ない法律について、いきなりテキストで学習してもなかなか理解が進みません。そしてそれにより、学習意欲が削がれてしまうことがあります。

　そうなることを防ぐために、**本格的なテキストを読む前の取扱い説明書的なものとして、まずは本書で学習すること**をオススメします。

　本書では、**見慣れない法律の条文などを、かみ砕いてわかりやすい言葉で解説**しています。基本的なルールも扱っていて、**ルールを守らなかったらどうなるのかも学習できます**。ルールの重要性やリスクを考える観点からも、ルールの理解を深めることができるようになっているのです。

　たとえば、運行管理者の実務では、ルール違反による行政処分を回避することも使命といえます。主な行政処分には、
①一定期間、車両を使用することを停止するもの
②事業の一部または全部を停止するもの
③事業者としての許可を取消すもの

　がありますが、それだけでなく処分を受けることで一定期間、事業の拡大や増車が禁じられます。また、ネガティブ情報として、行政機関から事業者名、違反内容、処分内容なども公表されます。

　ルールを守らなかった場合にどうなるかを意識することで理解を深めることができ、実務の面でも、ルール違反を軽んじることのない正しく**誠実な知識を得ることができます**。本書は、この点でも打ってつけの1冊です。

● 試験合格のために大事な3つのポイント

　それでは、学習のコツや学習計画などを具体的に解説していきます。参考

にして、試験の学習をはじめていきましょう。

ポイント① 100点満点ではなく合格点を目指す

運行管理者試験は、60％の正答率で誰でも合格できます。100点満点を取る必要はありません。「上位何パーセントが合格」というしばりもありません。

完璧（＝満点）を目指すと、1つのテーマの内容を覚え切るまでそこで立ち止まり、次に進めなくなり、結果、試験日までに必要な範囲を学習できなくなってしまうことがあります。

ですから、**100点満点を目指さず、合格点を取ることを目標**にしましょう。そのために、**立ち止まらずに次に学習を進めていく**ことが大事です。

ちなみに試験では、学習したことのない「ビックリ問題」が1問は出される傾向にあります。そうした問題に出くわすと動揺して、普段の実力を発揮できないこともありますから、そういう問題が出されることも頭の片隅に置いておきましょう。これも大事なポイントです。

ポイント② 毎日少しずつでも継続する

学習の鉄則は、毎日少しずつでも進めて歩みを止めないことにあります。

仕事などで忙しいときでも、工夫すれば5分でも10分でも時間を作ることは可能です。そうした時間を使って、1ページでも2ページでも**毎日学習に触れていく**ことが重要なのです。

この「毎日学習に触れ続ける」という習慣は、試験の合格後も、他の分野でも活用することができ、人生をよりよくする能力にもなります。

ポイント③ ルールはストーリーとして捉える

たとえば「必要な措置をしなければならない」というルールがあります。

これを学ぶうえで、法律の条文などを覚えることは大事ですが、その必要な措置とは具体的に何をすることなのかを、**イメージする**ことが大事です。

これにより、ただの文章ではなく、「この場合は」「こうしなければならない」「なぜならこうだから」という**ストーリーでルールを理解**できます。

そして、もしも「しなければならないこと」をしなかった場合に、事業者、

運行管理者、運転者は「どんな処分を受けるか」もストーリーで覚えましょう。これを知ることで、その**ルールに対する関心がさらに深まり、運行管理者試験の合格だけでなく、実務に活用できる知識**となります。

● **本書と『テキスト＆問題集』で合格へ一直線！**

　本書で試験の必修ポイントを学んだら、より詳しい解説や練習問題、模擬試験などが掲載されている『この1冊で合格！ 教育系YouTuberルネスタよしおの運行管理者 貨物 テキスト＆問題集』を併用して学習することをオススメします。以下に学習計画を掲載していますので、参考にしてください。

1.5ヵ月で合格！ 大事なのは「身につけ・肉づけ・紐づけ・演習づけ」

ステージ1　本書で試験の全体像をつかむ　～2日程度～
まずは、どんなことを学ぶのか、各章のボリュームはどのくらいなのかをチェック！　ざっと読むだけでOKです。

ステージ2　本書でルールの基本を身につける　～5日程度～
ざっと読んだら、どんなルールがあるのかなど、事例をイメージしながら熟読し、理解を深めましょう。

ステージ3　『テキスト＆問題集』で知識を肉づけ　～2週間程度～
本書で得た基本的な知識をもとに、『テキスト＆問題集』で内容をより詳しく確認していきましょう。

ステージ4　解答と知識の紐づけ　～1週間程度～
『テキスト＆問題集』の問題演習にトライ！　解答やテキストを見ながらでもOK。テキストや本書を辞書のように使い、「だからこの解答になる」という「わかった感」をたくさん実感してください。

ステージ5　直前期は徹底した問題演習づけ　～2週間程度～
とにかく問題を解き、わからないときにテキストや本書をチェック！　間違えた問題にはチェックをつけ、最後にチェックのある問題を解いていくと、最終的にはわからない箇所がなくなります。

受験資格は2つで合格基準は60％以上の正答率 準備万全で試験にチャレンジ！

● 資格者証の交付＋事業者の選任＝運行管理者

　運行管理者になるには、**運行管理者資格者証の交付を受け、事業者に選任されること**が必要です。運行管理者には「貨物」と「旅客」の2つがあり、本書では貨物について学習します。

　資格者証の交付を受ける方法は、次の2つがあります。
① 試験の合格による取得
② 実務経験等による取得

　本書は、①の試験の合格による資格者証の取得を目指すものです。

● 受験資格や合格基準をチェック！

　試験を受けるには、下記の①または②を満たしている必要があります。
① **基礎講習を修了、または修了予定**（貨物以外の基礎講習は不可）
　国土交通大臣が認定する講習実施機関で平成7年4月1日以降の基礎講習を修了しているか、指定の期日までに基礎講習が修了予定であること。
② **実務経験1年以上**（実務経験に運転業務・営業・総務・経理は含まない）
　以下の運行管理に関して、試験前日までに実務経験1年以上を有すること。
・自動車運送事業（貨物軽自動車運送事業を除く）の用に供する（使用する）事業用自動車
・特定第二種貨物利用運送事業者の事業用自動車（緑色のナンバーの車）

　試験の出題分野とそれぞれの配点は、次ページ上表の通りです。試験時間は90分で、合格基準は、次の2つを同時に満たす必要があります。
① 原則として、**総得点が満点の60％（30問中18問）以上**であること。
② 次ページ表の**1〜4の出題分野で、それぞれ正解が1問以上**あること、かつ**5については、正解が2問以上**あること。

　なお、近年の合格率は30％程度です。受験者数と合格率を次ページ下表にまとめていますので、参考にしてください。

出題分野・出題数・配点

出題分野	出題数	配点
1. 貨物自動車運送事業法関係	8 問	配点は 1 問 1 点
2. 道路運送車両法関係	4 問	
3. 道路交通法関係	5 問	
4. 労働基準法関係	6 問	
5. その他運行管理者の業務に関し 必要な実務上の知識及び能力	7 問	
合計	30 問	30 点

近年の受験者数・合格率

実施年度	令和 4 年度		令和 5 年度		令和 6 年度
	第 1 回	第 2 回	第 1 回	第 2 回	第 1 回
受験者数	28,804 人	23,759 人	26,293 人	22,493 人	24,993 人
合格率	38.4%	34.6%	33.5%	34.2%	32.9%

● 試験はコンピュータを使用した CBT 試験で実施

　試験は、1 年度につき 2 回、8 月と 3 月を含む月にそれぞれ 1 ヵ月程度の期間で実施されます。形式は、問題用紙やマークシートを使用せず、パソコンの画面に表示される問題を見てマウスなどで解答する CBT 試験です。

　CBT 試験専用サイトには、試験の日時と全国 47 都道府県の試験会場が指定されており、受験の申込みに際しては、それらの中から選択できます。受験申請も、インターネットで受験申請サイトから行います。

　受験手数料は 6,000 円（非課税）で、ほかにシステム利用料 660 円（税込）が必要です。希望者は手数料 140 円（税込）を支払うことで、各科目の問題の正誤や総得点が記載される試験結果レポートを得ることができます。

　詳細は運行管理者試験センターのホームページ（https://www.unkan.or.jp）をご確認ください。

　合格発表は試験実施後、概ね 1 ヵ月以内に行われます。

本書の特徴	2
はじめに	4
オススメ勉強法	5
試験の概要	8

第1章　貨物自動車運送事業法関係

MAP	16
01　法の目的	18
02　貨物自動車運送事業の定義	20
03　貨物自動車運送事業の許可	22
04　事業計画	24
05　輸送の安全	26
06　過積載の防止	28
07　過労運転の防止	30
08　運輸安全マネジメント等	32
09　業務前点呼	34
10　業務後点呼	36
11　中間点呼	38
12　アルコール検知器	40
13　点呼記録	42
14　運行管理者の人数	44

15	統括運行管理者と補助者	46
16	運行管理者の資格要件等	48
17	運行管理者講習	50
18	業務の記録	52
19	運行記録計による記録	54
20	運転者等台帳	56
21	運行指示書	58
22	運転者に対する指導・監督	60
23	運行管理者の業務	62
24	事業者の業務	64
25	事故の報告	66
26	事故の速報	68

COLUMN 雇い入れたからといってすぐに乗務はできない ——— 70

第 2 章　道路運送車両法関係

MAP		72
01	目的と自動車の種別	74
02	新規登録	76
03	変更登録・移転登録など	78
04	自動車の検査等	80
05	点検整備	82
06	整備管理者	84

07 保安基準① —————————————————— 86

08 保安基準② —————————————————— 88

(COLUMN) 運送業の労働災害防止のポイント ————— 90

第 3 章　道路交通法関係

MAP ————————————————————————— 92

01 目的と定義 ———————————————————— 94

02 道路関連の定義 ——————————————————— 96

03 自動車の種類 ———————————————————— 98

04 運転免許の種類 ——————————————————— 100

05 運転免許の取消し等 ————————————————— 102

06 自動車の最高速度 ————————————————— 104

07 積載制限 ——————————————————————— 106

08 制限外積載 ————————————————————— 108

09 過積載に対する運転者への措置 ———————————— 110

10 過積載に対する使用者などへの措置 ——————————— 112

11 運転者の遵守事項 ————————————————— 114

12 使用者の義務 ———————————————————— 116

13 信号・合図 ————————————————————— 118

14 通行区分・優先 ——————————————————— 120

15 徐行・一時停止 ——————————————————— 122

16 車両通行帯 ————————————————————— 124

17 追越し ———————————————————— 126

18 駐停車 ———————————————————— 128

(COLUMN) 実務経験による資格取得と補助者の選任 ——— 130

第 **4** 章　労働基準法関係

MAP ——————————————————————— 132

01 労働条件の原則 ————————————————— 134

02 労働契約 ——————————————————— 136

03 解雇 ————————————————————— 138

04 労働時間・休憩・休日 ————————————— 140

05 就業規則 ——————————————————— 142

06 健康診断 ——————————————————— 144

07 産前・産後等 ————————————————— 146

08 運転者の労働時間等の改善基準 ——————————— 148

09 拘束時間と休息期間のルール ————————————— 150

10 拘束時間のダブルカウント ————————————— 152

11 宿泊を伴う長距離貨物運送 ————————————— 154

12 休日の取り扱い ————————————————— 156

13 １ヵ月の拘束時間 ———————————————— 158

14 運転時間 ——————————————————— 160

15 連続運転時間 ————————————————— 162

(COLUMN) 「管理職＝管理監督者」ではない ——————— 164

第 **5** 章　実務上の知識及び能力

MAP 166

01 自動車の運転に関する特性等 168

02 自動車の運転における現象 170

03 視覚の特性 172

04 異常気象 174

05 緊急事態 176

06 運転支援装置等 178

07 事故防止① 180

08 事故防止② 182

09 運転者の健康管理 184

10 睡眠時無呼吸症候群（SAS） 186

11 アルコール依存症 188

12 禁止薬物 190

本文デザイン・DTP…次葉　イラスト…大塚たかみつ
校閲…運送社労士® 櫻井未来　編集・校正…エデュ・プラニング

本書は原則として、2025 年 3 月時点での情報を基に原稿の執筆・編集を行っております。
試験に関する最新情報は、試験実施機関のウェブサイト等にてご確認ください。
また、本書の刊行以降に施行が判明した法令等については、本書の下記書誌ページにて
追補を掲載いたしますので、ご確認ください。
https://www.kadokawa.co.jp/product/322410001531

第 1 章

貨物自動車運送事業法関係

> 本章では、主に貨物自動車運送事業法を学習します。本試験でのメイン科目であるとともに、運行管理者の実務にも密接に関係するルールです。どんな業務に対して、どんなルールがあるのかを確認しましょう。

第1章 MAP

本章では「貨物自動車運送事業法関係」の
必修ポイントを学習！
MAPを見て全体像をつかもう

1~2
貨物自動車運送事業法のキホン

法の目的をはじめ、「貨物自動車運送事業法とは何か？」などの基本的な内容を学びます

3~4
事業をするうえでの行政手続

事業を経営しようとするきや事業計画の変更時の基本的な手続きを学びます

5~8
安全輸送のために大事なこと

輸送事故を起こさないための事業計画や過積載の防止などの必修ポイントを押さえましょう

9〜13
点呼の重要ポイント

安全輸送のために欠かせない点呼について、業務前・後・中間での重要なことを学習。実務でもお役立ち！

14〜17
運行管理者とは？

運行管理者にはどんな人がなれるのか、どんな講習を受けるのかなどの運行管理者に関するルールを学びます

18〜21
管理上の大事な記録

運行を管理するために、必要な記録や保存期間などがあります。実務でも重要なので理解を深めましょう

22〜26
運行管理者の実務のキホン

運転者への指導・監督などの業務内容をチェック！　実務で行うことがわかり試験対策もバッチリ！

各テーマのポイントをつかんだら次ページからの本編へGo！ ▶▶▶

01 法の目的

社会には多くのルールがあります。貨物自動車運送事業法は何のためにあるのでしょう

　仕事でも趣味でも、何かを行ううえでは目的が定まっていないと、何のためにやっているかがわからず、「ただやっているだけ」になりがちです。そしてその結果、得られるものの質や達成度が低くなることがあります。
　そのため重要なのは、**目的を定め、その目的を達成するための手段を考え、実行する**ことです。つまり、目的と手段は、常にセットになります。
　たとえば「運行管理者試験に合格する」が目的の場合、「毎日30分勉強する」がその手段になります。これにより「知識が定着する」という要素が生じ、その結果、「目的が達成される」というわけです。
　しかし、目的が合格ではなく「毎日30分勉強する」になると、何のために勉強するかを見失い「ただやっているだけ」となり、思うような成果を得られにくくなります。
　目的が明確に示されていることで、そのための適切な手段をとることができ、その結果として、目的が達成されるのです。

✓ 貨物自動車運送事業法の目的とは？

　貨物自動車運送事業法の第一条（目的）には、まず、この法律が**「何を目的としているか」**が示されています。
　そこには「ゴール（目的）」があり、「そのために（必要なこと）」と「そうすることで」といった手段や要素が明示されていて、それらの結果として「ゴールに達する」という内容になっています。
　第一条を簡単にいうと**「ちゃんと法令を守って安全のためにみんなでがんばれば、運送業界のためにもなるし、社会のためにもなる。だから、みんなの幸せのためにがんばろう」**という目的が示されています。
　まずは、このことを押さえておきましょう。いざ過去問を解くとなったときなどに、答えを出すうえでのヒントにもなります。

●貨物自動車運送事業法・第一条（目的）

この法律は

1 貨物自動車運送事業の運営を適正かつ合理的なものとする

とともに

2 貨物自動車運送に関するこの法律及びこの法律に基づく措置の遵守等を図るための民間団体等による自主的な活動を促進すること

により

3 輸送の安全を確保する

とともに

4 貨物自動車運送事業の健全な発達を図り

もって

5 公共の福祉の増進に資することを目的とする。

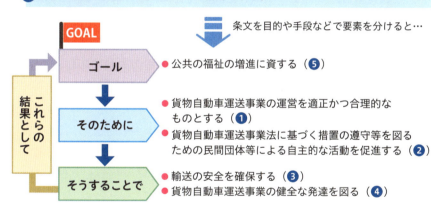

法の目的では、ゴールから逆算し、そこに到達するためのプロセスが計画されています

「何のためにやっているか」を意識

目的を達成するための「手段」であるはずが、手段そのものが目的になっていませんか？　これは、勉強や業務でも同じことがいえます。「何のためにやっているか」の「目的」を意識しましょう。

02 貨物自動車運送事業の定義

重要度 ★★★

貨物自動車運送事業には「3つの事業」と「2つの業務」があり、名称から特徴がわかります

✓ 運送事業の「3つの事業」とは？

　貨物自動車運送事業は基本的に、次の3つの事業をいいます。
① 一般貨物自動車運送事業
② 特定貨物自動車運送事業
③ 貨物軽自動車運送事業
　①一般貨物自動車運送事業は、他人の需要に応じ、有償で、自動車を使用して貨物を運送する事業です。緑ナンバーの「一般的な運送会社」をイメージしてください。
　次に、②特定貨物自動車運送事業は、特定の者の需要に応じ、有償で、自動車を使用して貨物を運送する事業です。たとえば、メーカー系列の運送会社が「そのメーカーの商品のみ」を運送する事業形態をいいます。
　③貨物軽自動車運送事業は、他人の需要に応じ、有償で（ここまでは①同様）、「三輪以上の軽自動車やバイク」を使用して貨物を運送する事業です。名称からも、「一般」「特定」「軽」の違いで事業をイメージして覚えましょう。
　また、3つの事業とは別の区分けで、一般貨物自動車運送事業や特定貨物自動車運送事業の「業務の一部」という位置付けで、**特別積合せ貨物運送**と**貨物自動車利用運送**があります。
　特別積合せ貨物運送は、いわゆる「宅配便」のイメージです。**集配所と他の事業場間との定期運行便があることが主な要件**となります。
　一方の貨物自動車利用運送は、自ら運送はせず、**下請業者等の他の事業者の運送を利用する貨物の運送**をいいます。いわゆる「水屋」です。
　このように貨物自動車運送事業には、「3つの事業と2つの業務」があります。「自分の会社や知っている会社は、どれにあたるのかな？」などとイメージしてみましょう。

● 貨物自動車運送事業の分類とキーワード

```
貨物自動車運送事業
├── 一般貨物自動車運送事業
│   キーワード：他人の需要に応じ、有償で／自動車
├── 特定貨物自動車運送事業
│   キーワード：特定の者の需要に応じ、有償で／自動車
└── 貨物軽自動車運送事業
    キーワード：他人の需要に応じ、有償で／三輪以上の軽自動車、バイク
```

一般貨物自動車運送事業の下位区分：
- **特別積合せ貨物運送**
  キーワード：集配所／定期便
- **貨物自動車利用運送**
  キーワード：他の事業者を利用

特別積合せ貨物運送、貨物自動車利用運送の業務に関しては、「する・しない」の別があります

 有償と無償の違い

「有償で」行うことが事業です。そのため、3つ事業の定義にはすべて「有償で」が含まれています。「無償で」の場合は、事業ではなくボランティアです。

21

03 貨物自動車運送事業の許可

重要度 ★★☆

貨物の運送事業には国土交通大臣の許可が必要です。
許可申請には何が必要でしょうか

✓ 事業の開始には国土交通大臣の許可が必要

　一般貨物自動車運送事業を経営しようとする者は、**国土交通大臣の許可を受けなければなりません**。誰でも勝手にはじめることはできないのです。
　事業をはじめる流れは、次の通りです。
① 経営しようとする者は、申請書に必要な書類を添付して国土交通大臣に申請する。申請書と添付書類には、**記載事項**が定められている（次ページ）。
② 申請内容などを確認して安全性・継続性・経済性の事業計画が**許可基準**に適合していると認められると、国土交通大臣が事業の開始を許可する。

✓ 国土交通大臣が許可をしてはならない「欠格事由」にあたる者

　一方で、「そもそも事業をすることを許可をしてはならない（欠格）」ケースもあります。その理由（欠格事由）として、代表的なものに次の２つがあります。
① 許可を受けようとする者が１年以上の懲役または禁錮の刑に処せられ、その執行を終わった日、または執行を受けることがなくなった日から**５年を経過しない者**
② 許可の取消しの日から**５年を経過しない者**
　つまり、たとえば**懲役刑になったら、懲役が終わった日から５年間は許可を受けられない**、ということです。許可の取消しについても、基本的に**取り消された日から５年間はNG**となります。
　この欠格事由に該当する者はもちろん、法人の場合は、役員がこの欠格事由に該当しても、国土交通大臣は許可をしてはならないことになっています。

22

● 事業開始のための許可申請

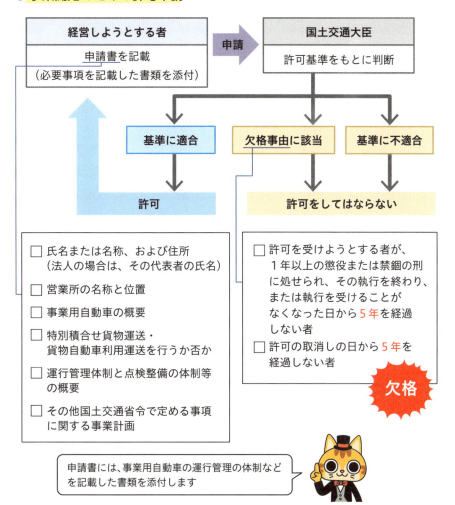

 許可・不許可は国土交通大臣の手にある

許可基準に適合した者だけが、国土交通大臣の許可を受けることができます。また、欠格事由に該当した者も、許可を受けることができません。許可する・しないのハンドルは、国土交通大臣が握っています。

04 事業計画

重要度 ★★☆

事業の計画を変更する場合には、国土交通大臣に対して、認可や届出の手続きが必要です

✓ 事業計画の変更はいずれも国土交通大臣宛

　事業（経営）をはじめる際には、国土交通大臣から許可を受けました。そのため、その事業計画を変更しようとするときは、**「事業計画を変更したい」ということを、手続きによって国土交通大臣に伝える必要**があります。

　事業計画は原則として、国土交通大臣にその変更内容を認めてもらわなければ変更することができません。これを「認可を受けなければならない」といいます。

　たとえば、自動車車庫の位置を変更しようとするときは「自動車車庫の変更をしたい」ということを、手続きによって国土交通大臣に伝えます。そしてそれが国土交通大臣に認可という形で認められると、自動車車庫の変更ができるというわけです。

✓ 原則は「認可」、例外は「届出」

　認可とは別に、手続きの例外として届出があり、これには、次の2つの区分があります。

①あらかじめ届出
②遅滞なく届出

　①あらかじめ届出は、事前に伝えるべきものです。**②遅滞なく届出は、主に軽微な事項が対象で、「事後に伝えることでOK」**というものになります。

　つまり、変更しようとする内容が、事業計画の根本にかかわる＝重要な事柄なのか、軽微なものなのかによって、取るべき手続きが違うということです。

　許可、認可、届出の違いはシンプルで、手続きのパワーの大きさの違いによります。「許可＞認可＞届出」のイメージです。

●許可・認可・届出の区分

手続内容	内容	区分
手続内容	● 一般貨物自動車運送事業を経営しようとするとき	許可
手続内容	● 運送約款を定め、または変更しようとするとき ● 自動車車庫、休憩仮眠施設の位置や収容能力の変更をしようとするとき	認可
手続内容	● 各営業所に配置する事業用自動車の種別ごとの数(増減車)の変更をしようとするとき(一定の規模以上は「認可」) ● 各営業所に配置する運行車の数の変更をしようとするとき	あらかじめ届出(事前)
手続内容	● 運賃料金の設定・変更をしたとき	30日以内(事後)
手続内容	【軽微な事項】 ● 主たる事務所の名称や位置の変更をしたとき ● 営業所の名称や位置の変更(※)をしたとき ● 荷扱所の名称や位置の変更をしたとき ● 事業者の氏名または名称、住所の変更をしたとき	遅滞なく届出(事後)

強 ← パワー → 弱

※位置の変更は、貨物自動車利用運送のみに係るもの、および地方運輸局長が指定する区域内におけるものに限る

もっともパワーが強いのが「許可」です。それ以降、順に「認可」→「届出」でパワーは下がっていきます

 申請から審査完了までの期間の目安

許可と認可は、申請が受理されてから申請に対する審査が完了するまでに通常要する標準的な処理期間(標準処理期間)が目安として定められています。

05 輸送の安全

「社会全体の安全」は同じルールのもとで、同じ目的をもつことからはじまります

✓ バラバラなものを整理する基準

　貨物の運送には、<u>安全</u>であることがとても重要です。ただ、「安全」と一口にいっても、同じことを「安全だ」と感じる人もいれば、「安全ではない」と感じる人もいます。また、安全のために「何をしてはならないのか」「何をしなければならないのか」についても、人によってさまざまです。

　そのような、バラバラの「私の思う安全」が、果たして「社会全体にとっての安全」でしょうか。

　そこで、「輸送の安全の確保のために最低限これは守りましょう」という具体的な基準＝ルールがあります。

✓「してはならないこと」と「しなければならないこと」

　ルールには代表的なものとして、次の3つがあります。
① してはならないこと（<u>禁止事項</u>）
② しなければならないこと（<u>遵守事項</u>）
③ Aという要件を満たした場合に、Bという効果が発生する

　輸送の安全の確保のためのルールは、このうち①と②について具体的に示されています。詳しくは次ページに記載していますが、たとえば、過積載に関することは、①「してはならないこと」で、運転者の人数・休憩や睡眠のための施設の整備・勤務時間・定期点検などに関することは、②「しなければならないこと」になります。

　どの内容も、いわれて当然な内容ですが、改めて確認しておきましょう。日々の業務に照らし合わせてみると、イメージしやすいです。

● 輸送の安全確保のための「3つの禁止事項」と「7つの遵守事項」

禁止事項

してはならない！ NG

1. 過積載による運送の引受け
2. 過積載による運送を前提とする事業用自動車の運行計画の作成
3. 運転者その他の従業員に対する過積載による運送の指示

遵守事項

しなければならない！ MUST

1. 必要となる員数の運転者、およびその他の従業員の確保
2. 運転者が休憩、または睡眠のために利用することができる施設の整備および管理
3. 運転者の適切な勤務時間、および乗務時間の設定
4. 運転者の過労運転を防止するために必要な事項
5. 事業用自動車の定期的な点検、および整備
6. その他安全性を確保するために必要な事項
7. 運転者が疾病により安全な運転ができないおそれがある状態で事業用自動車を運転することを防止するために必要な医学的知見に基づく措置

輸送の安全性の向上に、常に努めましょう

 何よりも優先すべきは「輸送の安全」

経営のトップから現場の運転者に至るまで、企業が存在し、成り立っていくことにおいて「輸送の安全」がもっとも重要であることを自覚する必要があります。

06 過積載の防止

重要度 ★★★

過積載運行は大きな社会問題です。かかわるすべての人や社会全体にも影響が及びます

✓ 過積載の危険性と重い罰則

　トラックの最大積載量を超えて貨物を積載をすることを**過積載**（積載制限違反）といいます。過積載は、輸送の安全を確保するうえでの禁止事項（次ページ）であり、違反行為です。

　過積載をすると、衝突時の衝撃力が増大したり、車体がバランスを崩しやすくなったりするなど、重大事故の原因にもなります。非常に危険な行為なのです。

　また、過積載は、多くの人に影響を及ぼします。運転者はもちろん、運行管理者、事業者、荷主といった過積載に**かかわったすべての者に対して、罰則が与えられる可能性がある**のです。

　過積載をして重大事故を引き起こした場合は、罰則が重くなります。そして、運転者に対して違反行為をするように具体的に伝えたり（**下命**）、違反行為が当然行われることを知りながら、その業務を行わせたり（**容認**）した場合、事業者や直接運行を管理する運行管理者には、さらに重い罰則が与えられます。

✓ 過積載を防止するためのルール

　過積載による運送を防止するために、①「してはならないこと」と②「しなければならないこと」についてのルールがあります（次ページ）。これらを**遵守することが社会的使命**でもあるので、確認しておきましょう。

　また、過積載による運送を防止するためには、運送事業者だけがルールを守るのではなく、運送を依頼する側の荷主の協力も必要不可欠です。過積載になるような取引を荷主としないように、**荷主と密接に連絡し、協力して、過積載のない適正な取引の確保に努めていく必要**があります。

●積載に関する「4つの禁止事項」と「2つの遵守事項」

禁止事項
1. 過積載による運送の引受け
2. 過積載による運送を前提とする事業用自動車の**運行計画の作成**
3. 運転者その他の従業員に対する過積載による**運送の指示**
4. **過積載による運送の防止**について運転者、特定自動運行保安員その他の従業員に対する**適切な指導・監督**を怠ること

遵守事項
1. **偏荷重**が生じないように積載すること
2. 貨物が事業用自動車から**落下することを防止するため**、貨物にロープまたはシートを掛けるなど、**必要な措置を講ずる**こと

●荷主との取引において防止すべき事項

防止すべき事項
1. 運送条件が明確でない運送の引受け
2. 運送の直前、もしくは開始以降の運送条件の変更
3. 荷主の都合による集貨地点などでの待機
4. 運送契約によらない附帯業務の実施に起因する運転者の過労運転、または過積載による運送
5. 上記❶～❹以外の輸送の安全を阻害する行為

適正な取引には、運賃も適正である必要があります。運賃が標準よりも低ければ、運転者の労働条件が改善できません。それによって運転者不足になり、事業の継続も難しくなります。そのための「標準的な運賃」が参考として示されています

過積載に対する厳しい現実

荷主の依頼で過積載運行が行われた場合は、荷主の責任が追及され、荷主の名前が公表されます。また、事業者には「事業用自動車の使用停止」のほか、下命や容認があった場合は「事業停止」、違反を繰り返す場合は「事業許可の取消」などの厳しい現実が待っています。

07 過労運転の防止

重要度 ★★★

疲労が生まれやすく、蓄積しやすい労働環境が、過労運転を引き起こします

✓ 重大な事故にもつながる過労運転

　運転者の業務は、深夜や早朝を含む長時間労働になることがあり、その結果、運転者は、慢性的に疲労が蓄積し、過労状態になりやすいといえます。

　こうした過労の状態で運転をすることを**過労運転**といい、これが重大事故の要因となることも少なくありません。そして過積載と同様に、過労運転が原因で事故などが起きた場合、運転者、運行管理者、事業者、荷主などの運行にかかわった**すべての者に対して、罰則が与えられる可能性があります**。

　さらに、過労運転だとわかっていながら、運転を命令したり（**下命**）、見て見ぬふりをしたり（**容認**）した場合にも、重い罰則が用意されています。

　こうした過労運転を防止するために、ルールがあります。

①業務を行うために必要な運転者等の人数を**常時選任**する
②運転者等として選任してはならない者（次ページ）を**選任しない**
③休憩や睡眠に必要な施設を**整備**し、**保守・管理**する
④勤務が終了した後の休息期間が十分に確保できるよう、国土交通大臣が定める基準に従って運転者の**勤務時間**と**乗務時間**を定める。そして運転者にこれらを**遵守**させる
⑤運転者等の健康状態を把握し、疾病、疲労、睡眠不足、酒気を帯びた状態、その他の理由により、安全に運行の業務ができないおそれがある者を**乗務させてはならない**
⑥長距離運転や夜間の運転などの場合に、疲労などで安全な運転を継続できないおそれがあるときは、あらかじめ、**交替するための運転者を配置**する

　過労運転を防止するために、最低限これら6つのルールを守ることが重要です。

●「運転者等の選任」のポイント

業務を行うために**必要な員数**の事業用自動車の運転者または特定自動運行保安員を**常時選任**

➡ 選任してはならない者

- 日々雇い入れられる者
- **2ヵ月**以内の期間を定めて使用される者
- 試みの使用期間中の者
  ※**14日**を超えて引き続き使用されるに至った者を除く（14日目までは1人乗務不可）

●「整備・管理・保守」のポイント

整備・管理・保守しなければならないもの	休憩・睡眠に必要な施設
定めて遵守させなければならないこと	**休憩・睡眠・休息のための時間が十分に確保**されるよう、国土交通大臣が告示で定める基準に従って、運転者の**勤務時間および乗務時間を定め**、**運転者**に**遵守**させる

●事業用自動車の運行の業務に従事させてはならない乗務員等

① **酒気を帯びた状態**にある乗務員等

② **疾病、疲労、睡眠不足その他の理由**により**安全に運行の業務を遂行**し、またはその補助をすることができないおそれがある乗務員等

長距離運転や夜間の運転で、疲労などにより安全運転を継続できないおそれがある場合は… ➡ あらかじめ**交替するための運転者**を配置

💡 過労運転防止のための詳しい基準

国土交通大臣が定める「自動車運転者の労働時間等の改善のための基準」では、過労運転の防止を含め、運転者の労働条件（労働時間など）の向上を図るための基準が定められています（148ページ）。

08 運輸安全マネジメント等

重要度 ★☆☆

適切な仕組みが適切に機能することで、輸送の安全性が向上します

✓ 運輸安全マネジメントとは？

貨物の安全な輸送は、経営者だけが熱心になるだけでも成り立ちませんし、実務を行う運転者や運行管理者だけががんばってもうまくいきません。**経営トップから現場までが一丸となって、安全管理体制を構築・改善する**ことが大事です。こうした、みんなで輸送の安全性を向上させることを目的とした仕組みのことを、**運輸安全マネジメント**といいます。

運輸安全マネジメントを行ううえでは、以下の一連の過程を定めて、継続的に行うことが求められています。
① 輸送の安全に関する**計画**の作成（**P**lan）
② **実行**（**D**o）
③ **評価**（**C**heck）
④ **改善**（**A**ction）

これを PDCA サイクルといい、Pは「計画」、Dは「実行」、Cは「評価」、Aは「改善」を意味します。計画（P）を決めて実行（D）するだけでなく、実行している内容をチェック（C）して、うまくいっていないところがあれば改善（A）し、それをまた計画（P）に組み込んで実行（D）していく。これを繰り返し、よりよい運輸安全マネジメントを作っていくのです。

✓ 輸送の安全にかかわる情報の公表

運輸安全マネジメントを実施し、絶えず輸送の安全性の向上に努めなければなりません。そのうえで、輸送の安全にかかわる情報を、毎事業年度の経過後 **100 日以内**に外部に対して**公表**することも必要です。

また、定期的に公表するもののほかに、突発的に悪いことをして処分を受けた場合にも、公表する場合があります。

● PDCA サイクルとは？

運輸安全マネジメントの仕組みや計画そのものが悪い場合は、根本から改善する必要があります

● 「輸送の安全」と「処分」にかかわる情報の公表事項

輸送の安全
- 輸送の安全に関する**基本的な方針**
- 輸送の安全に関する**目標**、および**その達成状況**
- **重大事故**（67ページ）に関する統計

処分
- 処分内容
- 処分に基づいて**講じた措置**
- 講じようとする**措置の内容**

左が「輸送の安全」にかかわるもので、定期的に公表すべき事項です。処分などの突発的なものと区別しましょう

PDCA サイクルを実行するポイント

P（計画）とD（実行）までは実践されやすいのですが、C（評価）やA（改善）が実行されない傾向があります。たとえば、Cでは事故防止対策として講じた措置の効果を検証し、実際の効果のほどを評価します。その結果、効果がなかった場合は、原因の把握や対策が誤っていた可能性があるのでAで見直す、と進めましょう。

09 業務前点呼

判断基準をもとに、「安全な運転ができるか」「業務をさせてよいか」などを確認します

✓ 運転者等に対して求める3つの報告

　業務を開始する前には、点呼を行います。これを**業務前点呼**といい、**運転者等や車両が安全に運行できる状態であるかを確認し、かつ安全を確保するために必要な指示を与えます**。原則は**対面**、または遠隔点呼などの**対面による点呼と同等の効果を有するもの**（国土交通大臣が定める方法）で行い、運転者に対して、次の3つについて報告を求めます。
①酒気帯びの有無
②疾病、疲労、睡眠不足などの状況
③日常点検の実施状況

　安全な運行ができるかの確認を行うのと同時に、安全の確保に必要な指示も行いますが、**次の状態が判明した場合、業務をさせてはなりません**。
①**酒気帯び**の状態
②疾病、疲労、睡眠不足、その他の理由（覚せい剤などの薬物の服用、異常な感情の高ぶりなど）で**安全な運転や運転の補助ができない**状態
③日常点検の実施により**車両の運行ができない**状態（破損・故障）

　これらは、運転者や車両が安全に運行できる状態ではないので、日ごろから運行管理者は、法令で定められた必要な措置を講じて防止します。「**酒気帯びの危険性を教育する**」「**定期健康診断を受診させ、その結果に基づいて健康診断個人票を作成し、健康状態を把握する**」「**車両の定期点検を行う**」などです。

　ほかにも、「運転者が自動車運転免許証の停止処分中に事業用自動車を運転していたことがあったので、業務前の点呼で自動車運転免許証の提示・確認を行って再発防止を図る」といった自主的な措置も推奨されています。

　点呼をはじめ、さまざまな措置により、運転時の不完全な状態と不安全な行動を未然に防ぐことが、輸送の安全の確保をするために重要です。

●「業務前点呼」のポイント

| 原則 | 対面により、または対面による点呼と同等の効果を有するものとして国土交通大臣が定める方法 | 例外 | 運行上やむを得ない場合は電話、その他の方法 |

- 酒気帯びの有無
- 疾病、疲労、睡眠不足などの状況
- 日常点検の実施状況

→ 報告を求め確認

- 運行の安全を確保するために必要な指示

→ 指示

●事業用自動車の運行の業務に従事させてはいけないケース

酒気帯びの状態にある場合

疾病、疲労、睡眠不足、その他の理由※により
安全な運転をすることができない
またはその補助をできないおそれがある場合
※覚せい剤などの薬物の服用、異常な感情の高ぶりなど

日常点検の実施状況において
運行できない状態の車両（破損・故障）

NG!!

酒気帯びに関しては、アルコール検知器を用いて確認を行い、その数値が「0」でなければなりません

 ### 対面で点呼ができない場合の例外

上の「例外」にある運行上やむを得ない場合とは、遠隔地で運行を開始または終了するため、営業所で対面での点呼ができない場合などです。この場合は例外として、携帯電話や業務無線などの運転者と直接対話できるものを使用することで、点呼を行うことができます。

10 業務後点呼

「無事に業務を終了したか」「車両や運転者等が翌日も安全に業務できるか」を確認します

✓ 業務後点呼で求められる報告事項とは？

　点呼は、業務前だけでなく、業務の後にも必ず行います。これを**業務後点呼**といい、**運転者や車両が安全に運行を終了することができたのかを確認する**ものです。

　原則は**対面**、または遠隔点呼などの**対面による点呼と同等の効果を有するもの**（国土交通大臣が定める方法）で行います。

　業務後の点呼では運転者等に対して、次の5つについて報告を求めます。
①酒気帯びの有無
②事業用自動車の状況
③道路状況
④運行状況
⑤交替した運転者等に行った規定による通告

　酒気帯びの有無については、業務前点呼だけでなく業務後点呼でも報告を求め、確認しなければなりません。また、②～④の事業用自動車、道路、運行の状況などに関する報告は、**仮に特に異常がない場合であっても、運転者等から報告を求める必要**があります。

　なお、対面による点呼と同等の効果を有するものとして国土交通大臣が定める方法（点呼告示において規定する方法）としては、以下があります。
・遠隔点呼
・業務後自動点呼（業務前自動点呼は先行実施）
・IT点呼

　これらは特定の要件のもとに行うことが認められています。業務前点呼でも同様です。

●「業務後点呼」のポイント

原則　対面により、または対面による点呼と同等の効果を有するものとして国土交通大臣が定める方法

例外　運行上やむを得ない場合は電話、その他の方法

- 酒気帯びの有無　→　報告を求め確認

- 事業用自動車の状況
- 道路状況
- 運行状況
- 交替した運転者等に行った規定による通告

→　報告を求める

業務前・業務後の点呼では、必ず酒気帯びの有無を確認します。一方で、業務後には、日常点検は実施しません

●運転者Aから運転者Bに交替した場合の通告の内容など

運転者A ─ 通告 → 運転者B

通告内容：
- 事業用自動車の状況
- 道路状況
- 運行状況

運転者A　報告（業務後）
- 事業用自動車の状況
- 道路状況
- 運行状況
- 運転者Bに行った通告の内容

運行管理者

運転者B　報告（業務後）
- 事業用自動車の状況
- 道路状況
- 運行状況

💡 イレギュラーに対応できる体制

自動点呼機器の故障などにより、業務後自動点呼を行うことが困難となった場合に、業務後自動点呼を受ける運転者等が所属する営業所の運行管理者等による、対面点呼を実施できる体制を整えることが求められています。

11 中間点呼

業務前・業務後の点呼以外に、運行スケジュールによっては運行途中の点呼も必要です

✔ 中間点呼が必要なケースとは？

　業務によっては、業務前・業務後のいずれも対面、または遠隔点呼などの対面による点呼と同等の効果を有するもの（国土交通大臣が定める方法）での点呼が行えない場合があります。このような場合は、業務を行う運転者等に対して、業務前・業務後の点呼のほかに、**運行途中に中間点呼を行う必要**があります。

　たとえば2泊3日の運行スケジュールがこれにあたります。

　この場合、2日目の運転が遠隔地でスタートして遠隔地で終わり、3日目の運転も遠隔地からスタートします。つまり、2日目は運行管理者と運転者等が一度も顔を合わすことがありません。

　そのため、2日目に**中間点呼**を行います。**通常よりも安全性の確認が求められている**のです。

　中間点呼では運転者等に対して、次の2つについて報告を求めます。
①酒気帯びの有無
②疾病、疲労、睡眠不足などの状況

　そのうえで運行管理者は、運行の安全を確保するために必要な**指示**を与えます。

✔ 中間点呼と運行指示書はセット

　中間点呼が義務付けられている業務を行う場合には、**運行指示書**を作成し、これにより運転者等に対して適切な指示を行います。そして運行指示書を運転者等に携行させなければなりません。

　ここでは、「**中間点呼と運行指示書はセットで必要**」という点を押さえておきましょう。詳しくは58ページで学習します。

● 中間点呼が必要なケース

中間点呼は、「いずれか」ではなく「いずれも」対面などで点呼を行っていない場合に必要となります

●「中間点呼」のポイント

- 酒気帯びの有無 / 疾病、疲労、睡眠不足 などの状況 　　報告を求め確認
- 運行の安全を確保するために必要な指示　　指示

※当該業務の途中で少なくとも**1回**電話その他の方法により**点呼**を行う

業務前・業務後、中間のそれぞれの点呼では、行う内容が異なります。どのようなときに行うかを含めて、違いを理解しておきましょう

中間点呼でのアルコール検査

中間点呼で酒気帯びの有無を確認するために、携帯用のアルコール検知器の携行や車載型アルコール検知器の設置が必要です。そしてこれらも「常時有効に保持」する必要があります（次ページ）。

12 アルコール検知器

アルコール反応を正しく検知しない機器での検査は、検査自体に信ぴょう性がありません

✓「常時有効に保持」とは？

　点呼において酒気帯びの有無を確認する場合には、**運転者の状態を目視等で確認するほか、当該運転者の属する営業所に備えられたアルコール検知器を使用して行わなければなりません。**

　一般的に適切な検査を行うには、検査機器が正しい数値を計測できることが絶対条件です。アルコール検知器に関しても、**使用に際して適切な数値を計測できているかを確認し、確実に有効なものであることを証明する必要**があります。これを「**常時有効に保持**」といい、つまり検査機器が正常に作動し、故障がない状態で保持しておくことをいいます。

① 酒気を帯びていない者がアルコール検知器を使用した場合に、アルコールを検知しない
② アルコールを含有する液体をスプレーにより口内に噴霧したうえで、当該アルコール検知器を使用した場合にアルコールを検知すること

　この２点を確認することで、酒気帯びの有無の確認において、確実な数値を計測することができ、呼気中のアルコールの有無を正しく証明することができます。

　もしも、①と②を実施していない場合は、**アルコール検知器の常時有効保持義務違反**となり、**はじめての違反でも重い処分を受ける可能性があります**。ですから①と②の確認を行ったうえで、「行った」という記録も必要です。

　「ないことを証明する」ことは、俗に「悪魔の証明」といわれ、非常に困難とされています。しかし、点呼における酒気帯びの有無の確認において、有効なアルコール検知器を使用した場合は、酒気帯びが「ないことを証明する」ことができるのです。

● アルコール検知器に関する3つの大事なポイント

①営業所ごとに備え
営業所もしくは営業所の車庫に設置され、営業所に備え置き（**携帯型アルコール検知器等**）または営業所に属する事業用自動車に設置されているもの

②常時有効に保持
正常に作動し、故障がない状態で保持しておくこと

③目視等で確認
運転者の顔色、呼気の臭い、応答の声の調子などで確認すること。
なお、対面でなく電話その他の方法で点呼をする場合には、運転者の応答の声の調子など、電話等を受けた運行管理者などが確認できる方法で行う

●「常時有効に保持」するためのチェック内容

毎日確認	少なくとも週1回以上確認
☐ 電源が確実に入るか ☐ 損傷がないか	☐ 酒気を帯びていない者がアルコール検知器を使用した場合に、アルコールを検知しないこと ☐ 液体歯磨きなどのアルコールを含有する液体またはこれを希釈したものを、スプレーなどで口内に噴霧したうえで、当該アルコール検知器を使用した場合にアルコールを検知すること

● 主なアルコール検知器の種類

※画像提供：東海電子株式会社（tokai-denshi.co.jp）

① 設置型アルコール検知器対面用（対面）

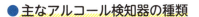

ALC-PRO II

② 携帯型アルコール検知器（遠隔地）

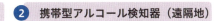

ALC-Mobile III

③ IT点呼・遠隔点呼対応クラウド型点呼システム

e点呼PRO

④ クラウド型自動点呼システム

e点呼セルフType ロボケビー

13 点呼記録

記録がなかったがために守れないもの、記録があることで守れるものがあります

重要度 ★★★

✓ 記録の重要性

　ここまでで、「**点呼は必ず実施する**」ことを学習しましたが、点呼を未実施の場合は、重い処分を受ける可能性があります。では、どのようにして点呼を実施したことを証明するのでしょうか。それは**点呼記録**です。

　点呼記録には、記載すべき事項や保存期間が定められていて、以下の4つを違反すると重い処分を受ける可能性があります。注意しましょう。
①記録をしていない
②記載内容に不備がある
③記録の改ざん・不実記載をしている
④記録の保存をしていない

　また、**酒酔い・酒気帯び運転が確認された場合で、かつ点呼が未実施だった場合に、新たな処分が新設されました**（2024年10月1日施行）。これは、はじめての違反でも自動車等の**使用停止処分**が下される可能性があります。

　処分されると売上の損失だけでなく、その間の運転者等への賃金補償、契約や取引上の不履行に対する損害、国土交通省によるネガティブ情報の公開による社会的信用の失墜など、多くの損害が生じます。

　ですが、点呼が明らかに実施されていることを点呼記録により証明できた場合は、これらの損害が根本的に発生しません。

　「早朝に点呼を実施する運行管理者がいないが、そのための人を雇うには人件費がかかる。だから点呼をしない」と考えた場合、果たしてそれによって発生する多くの損害と人件費のどちらのリスクが大きいでしょうか。

　運行管理者はこれらのリスク管理についても認識する必要があります。**適切に点呼を実施し、記録し、保存するという基本的なルールを守ることで、会社、従業員、その家族を守ることにもつながる**のです。

●業務前・中間・業務後点呼の記録事項

点呼記録事項
点呼を行い、報告を求め、確認を行い、指示したときは、運転者等ごとに点呼を行った旨、報告、確認および指示の内容並びに次に掲げる事項を記録し、かつ、その記録を **1年間保存** しなければならない

業務前点呼	中間点呼	業務後点呼
❶ 点呼執行者名		
❷ 運転者等の氏名		
❸ 運転者等が従事する運行の業務に係る事業用自動車の自動車登録番号または識別できる記号、番号など		
❹ 点呼日時		
❺ 点呼方法 (1) アルコール検知器の使用の有無　(2) 対面でない場合は具体的方法		
❻ 運転者の酒気帯びの有無		
❼ 運転者の疾病、疲労、睡眠不足などの状況		❼ 自動車、道路および運行の状況
❽ 指示事項		❽ 交替運転者等に対する通告
❾ 日常点検の状況	—	
❿（❾）その他必要な事項		

※点呼を行った旨並びに報告および指示の内容の記録・保存については、
「運行記録計による記録等の電磁的方法による記録・保存の取扱いについて」により、
書面による記録・保存に代えて電磁的方法による記録・保存を行うことができる

それぞれにどんな違いがあるかを比較しましょう。
効率よく覚えられます！

 点呼記録は事故防止につながる資料

点呼記録は、運転者等からの報告事項、運転者等への確認事項、運行の安全に関する指示事項などを記録するため、点呼の実施状況の把握や実施者の責任を明らかにできます。また、事故防止につながる資料や実施者の引継ぎ資料にもなり、とても重要なものなのです。

14 運行管理者の人数

重要度 ★★☆

管理する車両の数が多いと、選任する運行管理者の人数も多くなります

✓ 運行管理者の選任・解任

　事業用自動車の運行の安全を確保するために、事業者においては、運行管理者資格者証の交付を受けている者のなかから、**運行管理者を選任**しなければなりません。そして運行管理者を選任したら、国土交通大臣に対して「選任した」ことを**遅滞なく届出**をします。また、選任後に**解任**したら、同様の届出をする必要があります。

✓ 必要な運行管理者の選任数の算出

　選任する運行管理者の人数は、保有車両数によって変わります。運行管理者が保有車両を管理するうえで、運行管理者1人あたりの業務量は、保有する車両数によって開きが出ます。そのため、保有する車両数が多い場合は、それに応じて運行管理者を選任する人数も多くなるのです。

　必要な運行管理者の選任数は、「**管理する保有車両数を30で割った数（1未満の端数は切り捨て）に1を足した数以上**」です。

　たとえば150両を管理する営業所の場合は、

（150両÷30）＋1＝6

なので、**最低6人**は必要となります。

　30で割るため、29両の場合の運行管理者は1人です。ただし、これはあくまでも最低限の人数ですから、「1人で管理しなさい」や「1人で管理できる」ということではありません。2人や3人を選任しても問題はないのです。

　運行管理者の業務は多岐にわたります。安全に関する業務を適切に行うためにも、実際には、計算式から算出される人数以上を選任することが多くあります。勤務する時間帯や担当業務などに応じて複数の運行管理者を選任することで、より強固な運行管理体制を構築できます。

● 運行管理者の選任数の算出方法と例

$$\text{運行管理者の選任数（最低基準数）} = \frac{\text{事業用自動車の車両台数（被けん引自動車を除く）}}{30} + 1$$

※小数点以下は**切り捨て**

保有車両数	運行管理者の選任数
～29両	1人
30両～59両	2人
60両～89両	3人
90両～119両	4人

※以降30両ごとに1人増員

計算式で出される選任数は、あくまで「最低でも必要な人数」です。運行管理者の業務量に応じて適正な人数を配置することが求められています。また、運行管理者は他の営業所の運行管理者または補助者を兼務することはできないので、ご注意ください

安全な輸送のために誠実に業務を遂行

安全に関する業務を怠ったり、安全に関するルールを守らなかったりしたとき、その事業は健全なものではなくなります。単に「違法なことをして、お金を得る事業」になります。そうならないためにも、事業者から与えられた権利のもと、運行管理者は誠実に業務を行う必要があります。また、事業者は、運行管理者がその業務として行う助言を尊重しなければなりません。

15 統括運行管理者と補助者 重要度 ★★☆

業務を統括する者と業務を補助する者のどちらも、運行管理規程がポイントです

✓ 統括運行管理者とは？

1つの営業所において複数の運行管理者を選任する事業者は、**それらの業務を統括する者を選任しなければなりません**。これが**統括運行管理者**です。

統括運行管理者を選任しなければならない営業所では、運行管理者の職務と権限のほかに、**統括運行管理者の職務と権限、事業用自動車の運行の安全の確保に関する業務の処理基準に関する規程（運行管理規程）を定めなければなりません**。

✓ 補助者とは？

事業者は、運行管理者の業務を補助させるために、国土交通大臣が認定した講習を受講した者のなかから、**補助者**を選任することができます。

補助者を選任する場合には、**その職務や選任方法などについても、運行管理規程に記しておく必要**があります。

補助者の業務として、点呼の一部を行うことができます。ただし、その場合でも、運行管理者が行う点呼は、点呼の総回数の少なくとも**3分の1以上**でなければなりません（総回数の期間は「ひと月」が基準）。

点呼のすべてを補助者に丸投げするのはNGで、あくまでも「その一部を行うことができる」にすぎません。

また、補助者が行う補助業務は、運行管理者の指導・監督のもとに行われるものです。そのため、**トラブルや異常などがあったときは独断せず、ただちに運行管理者に報告し、指示を仰ぐことが必要**です。

運行管理者から見た関係性をいえば、統括運行管理者という上司がいて、補助者という部下がいて、中間管理職的な立場が運行管理者のイメージです。

●補助者の選任要件とは？

選任要件
- 運行管理者資格者証を有する者
- 国土交通大臣の認定を受けた運行の管理に関する講習（基礎講習）を修了した者

※運行管理者の履行補助として、業務に支障が生じない場合は、同一事業者のほかの営業所の補助者の兼務可

補助者を選任する場合には、選任方法・職務・遵守事項等を運行管理規程に明記し、選任した補助者の氏名を社内の見やすい場所に掲示して周知しなければなりません

●補助者の行う業務など

① 補助業務（運行管理者の指導・監督のもとに行う）

- 点呼については、その一部を補助者が行うことができる

② 下記の場合にはただちに運行管理者に報告し、運行の可否の決定などについて指示を仰ぎ、その結果に基づき各運転者に対し指示を行わなければならない

- 運転者が酒気を帯びている
- 疾病、疲労、睡眠不足その他の理由により安全な運転をすることができない
- 無免許運転、大型自動車などの無資格運転
- 過積載運行
- 最高速度違反行為

補助者は、運行管理者の履行補助を行う者であって、代理業務を行える者ではありません

補助者を選任することの意義

補助者を選任することで、運行管理者の休暇や、体調不良などの場合にも対応することができます。運転者だけでなく、運行管理者の労働環境についてもよりよくすることで、輸送の安全につながっていきます。

16 運行管理者の資格要件等

試験に合格して運行管理者になったとしても、資格を失うことがあります

✓ 運行管理者になれる人

　運行管理者になれる人の要件は、国土交通大臣から「**運行管理者資格者証**」の交付を受けている人です。そして、この運行管理者資格者証の交付を受けるには、次の2つのいずれかを満たす必要があります。
①運行管理者試験の合格
②一定の実務経験および、その他の要件を備える
　⇒ **5年以上の実務経験**があり、かつ、国土交通大臣の認定を受けた講習を **5回以上受講**（そのうち1回は基礎講習を受講）

✓ 国土交通大臣が資格者証の交付を行わないことができる者

　運行管理者資格者証の交付を受けて運行管理者になったとしても、法令違反などがあったときには、国土交通大臣から資格者証の返納を命じられることがあります。これを**資格者証の返納命令**といいます。
　そして、**その日から5年を経過しない者などには、国土交通大臣は資格者証の交付を行わないことができる**ので、運行管理者になることができません。
　シンプルにいうと「悪いことをしてから5年間は、運行管理者になる資格がない」ということになります。
　返納命令を下されれば、資格者証がなくなるだけでなく、運行管理者になるための資格をも失います。自分の業務に影響があるだけでなく、会社や一緒に働く仲間に大きな迷惑をかけることにもなります。
　それだけ返納命令は重大なことになりますので、そのようなことにならないためにも、法令遵守を心がけましょう。ただ、法令遵守が目的ではありません。「安全」という目的を達成するための手段が「法令遵守」なのです。

● 運行管理者資格者証の交付を受けられる人

- 合格の日から3ヵ月以内に交付申請
- 5年以上の実務経験
- 国土交通大臣の認定を受けた講習を5回以上受講（基礎講習、および一般講習）
  ※5回以上のうち、1回は基礎講習を受講

● 資格者証の返納命令とは？

法令などに違反、または法令に基づく処分に違反した**資格者証の保有者個人**

返納命令

↓

以下に該当する場合は国土交通大臣が資格者証の交付を行わないことができる

① 法令違反などにより資格者証の返納を命じられ、その日から **5年** を経過しない者

② 法令や法令に基づく処分に違反し、罰金以上の刑に科せられ、その執行を終わり、または執行を受けることがなくなった日から **5年** を経過しない者

 運行管理者になれる人の要件が狭まるかも？

貸切バスの運行管理者については、「5年以上の実務経験、かつ、所定の講習5回以上受講」では資格を取得できなくなりました。貨物についても、いつまでこの制度があるかわかりません。ですから、試験に合格して、運行管理者資格者証を取得しましょう。

17 運行管理者講習

運行管理者には、講習を受ける義務があります。どんな講習があるかを確認しましょう

✔ 運行管理者が受ける3つの講習

運行管理者に関係する講習には、次の3つがあります。いずれも「国土交通大臣の認定を受けたもの」でなければなりません。
① 基礎講習
② 一般講習
③ 特別講習

受講対象の運行管理者は、それぞれの講習によって異なり、以下の4つのパターンに分類されます。
① 新たに選任した運行管理者
② すでに選任されている運行管理者
③ 重大事故などを引き起こした営業所の統括運行管理者、および責任のある運行管理者
④ 重大事故などを引き起こした営業所の運行管理者

「誰が・どの講習を・いつ受けなければならないか」は、次ページの図で確認しましょう。

なお、3つの講習のうち、③特別講習は、**事故の再発防止を図るための知識の習得を目的とする講習**です。そのため、もしも重大事故などを発生させた場合は、**統括運行管理者とその事故や違反の責任のある運行管理者がこれを受講し、かつ通常の運行管理者講習の受講にかかわらず、一般講習または基礎講習も受講する必要**があります。

そしてその営業所に選任されている運行管理者も、一般講習または基礎講習を受講する必要があります。

重大な事故などを発生させると、こうしたところにも影響が出るのです。

●3つの運行管理者講習と受講のタイミング

① 基礎講習	運行管理を行うために必要な法令、および業務などに関する必要な基礎知識の習得を目的とする講習
② 一般講習	運行管理を行うために必要な法令、および業務などに関する知識の習得を目的とする講習
③ 特別講習	事故の再発防止を図るための知識の習得を目的とする講習

誰が？	どの講習を？	いつ？
新たに選任した運行管理者	基礎講習 または 一般講習 ※基礎講習を受講していない場合や、補助者として選任する場合は、基礎講習を受講	選任した日の属する年度 ※やむを得ない場合は、翌年度
すでに選任している運行管理者	基礎講習 または 一般講習	最後に基礎講習または一般講習を受講した日の属する年度の翌々年度以降 **2年**ごと
重大事故、または処分を受けた営業所の統括運行管理者、および責任のある運行管理者	特別講習	**事故または処分のあった日**より**1年**以内 ※やむを得ない場合は、1年6ヵ月以内
	基礎講習 または 一般講習	事故のあった日の属する年度、および翌年度 ※やむを得ない場合は、翌年度、および翌々年度
重大事故、または処分を受けた営業所の運行管理者	基礎講習 または 一般講習	事故のあった日の属する年度、および翌年度 ※やむを得ない場合は、翌年度、および翌々年度

特別講習ではグループ討議もあり

特別講習を受けなければならない運行管理者には、運輸支局から受講通知書が交付されます。特別講習は、年間の実施回数が少ないため、受講義務が生じた場合は、確実に受講するようにスケジュールを調整しましょう。講習には、重大事故や処分による地域内の運行管理者が同時に集まり、受講対象の事故・違反の体験発表、少人数のグループ討議などが行われます。

18 業務の記録

重要度 ★★★

業務の記録は、単に保存するのではなく、業務改善の指標として活用するのがベストです

✓ 業務の記録と保存

　事業者は、運転者等の業務について、運転者等に**記録**させなければならず、何を記録するかについても細かく定められています。この記録を、**業務の記録**といい、**1年間保存**することが義務付けられています。

　業務の記録は単なる記録ではなく、**運転者等の日常の業務を運行管理者が把握し、過労運転の防止や過積載による運送の防止など、業務の適正化を図るための指標**にもなります。ですから、単に記録し、保存するだけで終わるのではなく、日々の業務や安全な輸送に有効活用しましょう。

　また、車両総重量8トン以上、または最大積載量5トン以上の事業用自動車の業務の場合は、記録する事項がより多くなります。

　具体的には、**貨物の積載状況**です。これは、**過積載を防止するためのものであり、同時に過積載をしていない証明をするもの**でもあります。

　たとえば、荷主からの依頼時に、積載する貨物の実重量をあらかじめ記載した、いわゆる「配送依頼書」などを求め、過積載でないことを事前に運行管理者が確認します。運転者に対しては、積載する貨物の実重量を含む内容を通知し、それを受けて運転者は、集貨地点などで実際に積載する貨物が事前の内容と一致し、過積載でないことを確認します。

　そして業務終了後に、業務の記録に記された重量と事前の重量が一致することを運行管理者が確認します。これにより過積載防止のための措置をしていることが証明されます。

　このほか、全車両を対象として集貨地点などで起こり得るケースに応じて、「荷主の都合による集貨地点等での待機」「集貨地点等での荷役作業等の実施」を記録することもあります。これにより、労働環境の改善を図るものです。

● 業務の記録の記録事項

- ☐ 運転者等の氏名
- ☐ 運転者等が従事した運行の業務に係る事業用自動車の自動車登録番号、その他の当該事業用自動車を識別できる表示
- ☐ 業務の開始・終了の地点および日時、主な経過地点、業務に従事した距離
- ☐ 業務を交替した場合にあっては、その**地点**と**日時**
- ☐ **休憩**または睡眠をした場合にあっては、その地点と日時 ※**10分未満**は省略可
- ☐ **交通事故など**が発生した場合は、その概要と原因
- ☐ **著しい運行の遅延**、その他の**異常な状態**が発生した場合は、その概要と原因
- ☐ 運行途中において、**運行指示書**の携行が必要な業務を行わせることとなった場合には、その指示内容（運行の経路、主な経過地における発車・到着の日時の指示内容）

1年間保存

荷主の都合で、集貨地点で待機した場合
- 集貨地点等
- 集貨地点等に到着した日時、出発した日時 …など

集貨地点等で荷役作業等を実施した場合
- 集貨地点等
- 荷役作業等の開始・終了の日時
- 荷役作業等の内容 …など

車両総重量8トン以上、または最大積載量5トン以上の場合、以上の内容に加え貨物の積載状況の記録が必要です

積卸地での作業内容を事前に確認

積卸地（つみおろしち）での作業について、事前に荷主から情報を得ておく必要があります。作業料金にかかわるだけでなく、労働災害が発生した場合の責任の所在や、その労働についての危険性を事業者が認識していたかを問われる場合があるためです。

19 運行記録計による記録

運行記録計による記録は、過労運転の防止や運行の適正化にも活用できます

✓ どんな車両にどんな記録が必要か？

　車両総重量が7トン以上、または最大積載量が4トン以上の事業用自動車などの業務については、以下の3つを**運行記録計**によって**記録**し、その記録を **1年間保存**しなければなりません。
① 事業用自動車の瞬間速度
② 運行距離
③ 運行時間

　運行記録計は、タコグラフともいわれ、**車両の運行にかかる速度や時間などを記録するもの**です。メモリーカードなどに自動的に記録するデジタル式運行記録計もあります。

✓ 安全運転の指導にも効果的

　この記録は単なる記録ではなく、運転者や車両そのものの運行の実態などを分析することができます。そのため、**運転者等の日常の業務状況を把握し、過労運転の防止や運行の適正化を図るための指標**にもなります。

　たとえば、「最高速度違反をしていないか」「急発進・急減速をしていないか」についても確認できるため、その記録をもとに、運転者等に対して安全運転の指導を行うことができます。また、運転者等が「最高速度違反をしていない」証明にもなります。

　運行記録計の記録をもとに指導した際には、あわせて**教育指導の記録**も作成して保存しておきましょう。そうすれば、万が一、事故が発生した場合でも、運行記録計の記録をもとに指導を行っている（安全な運行のための対策を行っている）ことを証明できます。

● 運行記録計による記録が求められる対象車両など

対象車両
● 車両総重量が**7トン以上**、または最大積載量が**4トン以上**の事業用自動車 ● 車両総重量が**7トン以上**、または最大積載量が**4トン以上**のけん引自動車 ● 特別積合せ貨物運送にかかわる運行系統に配置する事業用自動車

求められる 運行記録計 による 記録事項	☐ 事業用自動車の瞬間速度 ☐ 運行距離 ☐ 運行時間

1年間保存

● デジタル式運行記録計とは？

運行記録計の一種で車両の運行にかかる速度・時間などを自動的にメモリーカードなどに記録する装置。ドライブレコーダー搭載のものもある

富士通デジタコDTS-G10
画像提供：株式会社トランストロン（transtron.com）

【指導での活用】

- 運行管理者は、デジタル式運行記録計の記録図表などを用いて、最高速度違反をしていないか、また、急発進・急減速をしていないかについても確認し、その記録データをもとに運転者に対して安全運転、経済運転の指導を行う

- 運行記録計により記録される「瞬間速度」「運行距離」および「運行時間」などにより、運行の実態を分析して安全運転などの指導を図る資料として活用する

- ドライブレコーダーによる危険度の高い運転やヒヤリ・ハットの映像記録と、デジタル式運行記録計の速度・加速度などのデータを連携させて、運転行動全体の的確な把握や、運行管理の改善などに役立てる

運行記録計の記録は費用対効果もわかる

運行記録計から、業務に要した時間や費用がわかります。そのため、その業務の対価と比較すれば、費用対効果も知ることができます。売上が大きいと見ていた業務でも、記録された運行時間をもとにコストを算出した結果、時間単価が低い可能性もあるわけです。

20 運転者等台帳

重要度 ★★★

運転者等台帳は、ほかの記録を添付したり、ほかの記録と紐づけたりすることもあります

✓ 運転者等台帳とは？

　事業者は、運転者等ごとに必要事項を記載し、かつ、写真を貼り付けた一定の様式の**運転者等台帳**を作成し、これを当該運転者等の所属する営業所に備えて置かなければなりません。

　簡単にいうと、**選任した運転者等の名簿**のようなもので、運転者等でなくなった日から**3年間保存**する必要があります。

　運転者等台帳の必要記載事項は、次ページにある通りですが、その1つに「事故を引き起こした場合は、その概要」があります。これに関しては、66ページで学習する**重大な事故**を引き起こした場合などに記載します。

　具体的には、次の通りです。
・事故の記録の写しを添付
　　または
・事故の発生日時と損害の程度を記載

　上記以外の詳細については、**事故の記録の作成番号等の「簡単に事故の記録を参照できる情報を記載」することで代用**することもできます。

✓ 事故の記録の作成

　そもそもの話で、事業用自動車にかかわる事故が発生した場合は、次ページの表にある事項を記録し、その記録を**3年間保存**する必要があります。これが先ほど述べた事故の記録です。

　この記録は、**死者や重症者が発生した事故だけでなく、物損事故の場合でも必要**です。「重大な事故だけに必要なものではない」ことを押さえておきましょう。

● 運転者等台帳の主な記録事項と保存

- ☐ 作成番号、作成年月日
- ☐ 事業者の氏名または名称
- ☐ 運転者等の氏名、生年月日、住所、健康状態
- ☐ 雇入れの年月日、運転者等に選任された年月日
- ☐ 運転者に対しては次の事項
  - ● 運転免許証の番号、有効期限
  - ● 運転免許の年月日、種類
  - ● 指導の実施、適性診断の受診状況
- ☐ 事故を引き起こした場合は、その概要
- ☐ 運転者等台帳の作成前6ヵ月以内に撮影した写真（入替不要）

運転者等でなくなった日から**3年間**保存

● 事故の主な記録事項と保存

- ☐ 乗務員等の氏名
- ☐ 事業用自動車の自動車登録番号
- ☐ 事故の発生日時・場所、概要、原因
- ☐ 事故の当事者の氏名
- ☐ 再発防止対策

3年間保存

大事なのは現状把握と要因の洗い出し

再発防止策では、いつ・どこで・誰が・何を・なぜ・どのようにして発生したかの現状把握が重要です。そして人的な要因、車両・設備などの要因、周囲の環境に関する要因、管理体制などの管理上の要因などを洗い出すことで、直接的な対策を講じることができます。

21 運行指示書

安全の確保のために、運行管理者から運転者等への指示を書面でお互いに共有します

✓ 中間点呼が必要な運行には必須の書類

　38ページで解説した通り、**運行指示書**は、中間点呼が必要な運行ごとに作成するものです。運転者等に対して対面などによる直接的な点呼や指示ができないため、運行管理者は、次ページにあるように**運行の開始・終了の地点・日時、経路、休憩時間などを記載した運行指示書を作成し、この書面を通じて運転者等に対して適切な指示を行います**。

　そのため、運転者等に必ずこれを**携行**させなければなりません。また、運行の終了の日から、**1年間保存**する必要もあります。なお、対面による点呼と同等の効果を有する遠隔点呼などを実施した場合は、中間点呼も運行指示書も不要です。

✓ 運行指示書のありかた

　長期間の運行をするなかで、行き先の場所で貨物を引き渡した後、帰りの積荷を別の場所で受けることになったなど、当初の運行計画が変更されることがあります。

　このように運行指示書の記載内容から変更があった場合、運行管理者は、運行指示書の写しに変更の内容を記載します。そして運転者等は、運行管理者の指示を受けて、携行している運行指示書に変更の内容を記載します。つまり、**運行管理者と運転者等が双方で同じ変更内容を記載する**のです。

　これにより、運行経路や運行の安全を確保するうえで必要な事項について、運転者等に確実に伝達することができます。また、今後の運行計画を改善するうえでの大切な資料にもなります。

　長期間の運行になると、運行管理者の目が直接届きません。そのなかでも運転者等の健康状態や輸送の安全を確保し、適切な指示を行うために運行指示書があるともいえます。

● 運行指示書の記録事項と保存

- ☐ 運行の開始・終了の地点・日時
- ☐ 乗務員等の氏名
- ☐ 運行の経路、主な経過地における発車・到着の日時
- ☐ 運行に際して注意を要する箇所の位置
- ☐ 乗務員等の休憩地点・休憩時間（休憩がある場合に限る）
- ☐ 乗務員等の運転、または業務の交替の地点（運転または業務の交替がある場合に限る）
- ☐ その他運行の安全を確保するために必要な事項

運行の終了の日から1年間保存

運行指示書 ＋ その写し

● 運行の途中で変更が生じた際の対応

運行管理者

① 運行指示書の写しに変更の内容を記載する

② 運転者等に電話その他の方法で変更の内容について適切な指示を行う

運転者等

③ 運転者等が携行している運行指示書に変更の内容を記載する

「運転者等に対して指示を行った日時」と「運行管理者の氏名」も記載

● 中間点呼を伴う業務での運行指示書の手順

1. **運行指示書**の作成
2. 運転者等に対し**適切な指示**を行い、運行指示書を運転者等に**携行**させる
3. **写し**を営業所に備え置く
4. 運行の途中で変更が生じた場合は、必要な措置を行う
5. **運行指示書**、および**その写し**を、**運行の終了の日から1年間**保存

22 運転者に対する指導・監督

特別な指導の対象者と、それぞれに応じて受診させる適性診断の種類が異なります

✓「特別な指導」の対象者とは？

　事業者は、運転者に対して安全な輸送などのために指導・監督を行う必要があります。指導・監督には、大きく**一般的な指導・監督**と**特別な指導**の2つがあり、それぞれで対象者と指導内容が違います。
　一般的な指導・監督は、すべての運転者が対象です。
　一方の特別な指導の対象者は、次の3つになります。
①事故惹起運転者
②初任運転者
③高齢者
　特別な指導を行った場合は、その記録を営業所で**3年間保存**しなければなりません。
　そして、**その内容を運転者等台帳に記載する、またはその内容を記録した書面を運転者等台帳に添付することも必要**になります。
　また、事故惹起運転者などの特別な指導の対象者には、国土交通大臣の認定を受けた**適性診断**を受診させなければなりません。
　適性診断とは、運転者の運転行動・運転態度・性格などを客観的に把握し、それをもとに安全運転をするように動機づけして、運転者自身の安全意識を向上させることを目的としたものです。
　対象者ごとに、特別な指導の内容も、受診させる適性診断も、異なります。
　そのため事業者は、運転者を新たに雇い入れた場合は、その運転者について自動車安全運転センターが交付する「無事故・無違反証明書」や「運転記録証明書」などから雇い入れる前の事故歴などを把握し、事故惹起運転者に該当するかどうかを確認する必要があります。

● 特別な指導が必要な運転者と適性診断の種類

1 事故惹起運転者

- **死者または重傷者**が生じた事故を引き起こした者
- 軽傷者が生じた事故を引き起こし、かつその事故前の3年間に事故を引き起こしたことがある者

↓

特定診断

2 初任運転者

- 運転者として**新たに雇い入れた者**
（3年以内に他の事業場で選任されていた者を除く）

↓

初任診断

3 高齢者

- **65歳以上の者**

↓

適齢診断

運転者のパターンとあわせて、どの運転者にどの適性診断が必要かをしっかりと覚えておきましょう！

特別な指導の実施時期

特別な指導は、対象者によって、指導の内容や受診させる適性診断も違います。実施時間や実施時期についても対象者によって異なり、たとえば実施時期は、①事故惹起運転者＝原則「事故後、再度の乗務する前」、②初任運転者＝原則「はじめて乗務する前」、③高齢者＝「適性診断（適齢診断）の結果が判明後の1ヵ月以内」、です。

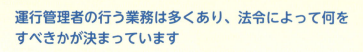

23 運行管理者の業務

運行管理者の行う業務は多くあり、法令によって何をすべきかが決まっています

✓ 運行管理者と事業者の業務の違い

　運行管理者の仕事は、輸送の安全のために運行を管理することです。具体的な業務は法令で定められており、主なものを次ページに記載しましたが、**事業者が行う業務か、運行管理者が行う業務かを区別する必要**があります。たとえば運行管理者の業務に以下のものがあります。
「定められた勤務時間、および乗務時間の範囲内において乗務割を作成し、これに従い運転者を事業用自動車に乗務させる」（次ページ③）
　これには、事業者と運行管理者のそれぞれの役割が示されています。
　まず、「勤務時間、および乗務時間」の前に「定められた」とあるので、これらの時間が事業者に定められていることが前提になっています。そのうえで運行管理者の業務は、勤務時間と乗務時間の範囲内において乗務割を作成し、これに従って運転者を事業用自動車に乗務させること、になります。
　ですから、**勤務時間と乗務時間を定めることは事業者の業務であり、運行管理者の業務ではない**のです。こうした違いを意識しましょう。
　また、運行管理者の代表的な業務は、業務の特徴ごとにグループ分けすることができます。
①書類関係の記録・保存にかかわること：業務の記録、運行の記録、事故の記録、運行指示書、運転者等台帳、指導・監督の記録など
②指導・監督にかかわること：過積載の防止、貨物の積載方法、事業用自動車の運行の安全の確保、制限等違反の防止など
③乗務の可否にかかわること：選任されていない者、酒気を帯びた状態にある者、安全な運行の業務の遂行またはその補助ができないおそれがある者を事業用自動車の運行の業務に従事させないなど

● 運行管理者の主な業務とは？

1 運転者として選任された者以外の者を事業用自動車の運行の業務に従事させない

2 乗務員等が休憩や睡眠で利用できる施設を管理する

3 定められた勤務時間、および乗務時間の範囲内において乗務割を作成し、これに従い運転者を事業用自動車に乗務させる

4 乗務員等の健康状態の把握に努め、酒気帯び状態や、疾病、疲労、睡眠不足などで安全に運行の業務を遂行できないおそれがある乗務員等を事業用自動車の運行の業務に従事させない

5 運転者が長距離運転、または夜間運転に従事する場合に、あらかじめ交替するための運転者を配置する

6 過積載の防止について、従業員に対する指導・監督を行う

7 運転者等に対して点呼を行い、報告を求め、確認を行い、指示を与え、その内容を記録し、1年間保存する

8 運転者に対して使用するアルコール検知器を常時有効に保持する

9 業務の記録を、運転者等に対して記録させ、1年間保存する

10 運行記録計を管理し、その記録を1年間保存する

11 事業用自動車にかかわる事故が発生した場合に、必要事項を記録し、3年間保存する

12 運行指示書を作成し、その写しに変更の内容を記載し、運転者等に対して適切な指示を行う。そして、運行指示書を運転者等に携行させるとともに、変更の内容を記載させ、運行指示書とその写しを1年間保存する

13 運転者等台帳を作成し、営業所に備え置く

14 運転者に適性診断を受けさせる

15 事故防止対策に基づき、事業用自動車の運行の安全の確保について、従業員に対する指導・監督を行う

24 事業者の業務

重要度 ★★★

事業者には、事業者に義務付けられた固有の業務があります

✓ 「選任する」「定める」「策定する」は事業者の業務

　運行管理者とは別に、**事業者の固有の業務**も具体的に定められています。基本的には権限と資力が必要なものが該当し、主なものを次ページにまとめています。

　ポイントとして、②「乗務員等が休憩、または睡眠のために利用することができる施設を適切に整備・保守・管理すること」があげられます。

　似た内容で、運行管理者の業務にも、「乗務員等が休憩、または睡眠のために利用することができる施設を適切に管理すること」がありました。

　違いは、**事業者は「整備・保守・管理」が業務で、運行管理者は、「管理」だけが業務になる点**です。

　また、アルコール検知器についても、**事業者は「アルコール検知器を備え置く」が業務ですが、運行管理者は、「アルコール検知器を常時有効に保持する」が業務**になります。

　こうした違いがあるので、混同しないようにしましょう。**「選任する」「定める」「策定する」という内容は、事業者の業務**と覚えておくといいでしょう。

　また、休憩、または睡眠のために利用できる施設についていうと、次のような施設は、該当しません。
①乗務員等が実際に休憩、睡眠または仮眠を必要とする場所に設けられていない施設
②寝具等の必要な設備が整えられていない施設
③施設・寝具等が不潔な状態にある施設

　また、睡眠する場合、1人あたりの広さは、**2.5㎡以上**必要ですので、こうした要件をすべて満たした施設のみが、有効に利用できる施設といえます。

64

●事業者の業務とは？

1. 運転者等を常時**選任する**こと
2. 乗務員等が休憩、または睡眠のために利用することができる施設を適切に**整備・保守・管理**すること
   ※車庫の管理は**整備管理者**の業務
3. 営業所を確保すること
4. 自動車車庫を営業所に併設すること
5. 勤務時間、および乗務時間を**定める**こと
6. アルコール検知器を備え置くこと
7. 運行管理者、または補助者を**選任する**こと
8. 運行管理規程、または安全管理規程を**定める**こと
9. 基本的な方針を**策定する**こと

運行管理者の業務と間違えやすいので**要注意！**

> 休憩や睡眠のための施設についての運行管理者の業務は、管理のみであることを覚えておきましょう

 車庫の管理は整備管理者の業務

乗務員等が休憩したり睡眠したりするための施設の「管理」は、運行管理者の業務ですが、車庫の管理は整備管理者の業務になります（車庫を営業所に併設するのは事業者の業務）。休憩・睡眠施設の「管理」は運行管理者、車庫の「管理」は整備管理者で、どちらも名前に「管理者」とつく者が「管理」のみを業務としています。

25 事故の報告

重大な事故や重傷者の定義、必要な記録などについて
理解を深めましょう

✓ 重大な事故には報告のルールがある

　事故の大きさは、さまざまですが、次ページの表に該当するものは、**重大な事故**と位置付けられます。
「10台以上の自動車の衝突、または接触を生じたもの」「死者、または重傷者を生じたもの」「10人以上の負傷者を生じたもの」「酒気帯び運転、無免許運転、大型自動車等無資格運転、麻薬等運転を伴うもの」などはイメージしやすいでしょう。

　一方で、いわゆる事故とは違い、**「運転者の疾病により、事業用自動車の運転を継続することができなくなったもの」「自動車の装置の故障により、自動車が運行できなくなったもの」**なども含まれます。あわせて覚えておきましょう。

　こうした重大な事故が発生した場合には、**報告**のルールがあります。
・事故があった日から30日以内に、**自動車事故報告書を3通作成**
・それらを、その自動車の使用の本拠の位置を管轄する運輸監理部長、または運輸支局長を**経由**して、**国土交通大臣**に提出

　また、報告のほかにも、緊急性が高い重大な事故の場合は、**速報**というルールもあります。これについては、68ページで解説します。

✓ 事故の記録の連動

　重大な事故を引き起こした場合には、**事故の記録**も必要です。加えて、「業務の記録」「運転者等台帳」「点呼記録」、さらには「運輸安全マネジメントによる輸送の安全にかかわる情報」にも記録・記載が必要になります。

　事故が発生すると、事業や業務などにさまざまな影響を及ぼします。だからこそ、輸送の安全を確保することが大事なのです。

●重大事故の主なもの

- 自動車が転覆・転落し、火災を起こしたもの
- 鉄道車両と衝突・接触したもの
- 10台以上の自動車の衝突、または接触を生じたもの
- 死者、または重傷者を生じたもの
- 10人以上の負傷者を生じたもの
- 自動車に積載された危険物、火薬、高圧ガス、毒物などが飛散・漏えいしたもの
- 酒気帯び運転、無免許運転、大型自動車等無資格運転、麻薬等運転を伴うもの
- 運転者の疾病により、事業用自動車の運転を継続することができなくなったもの
- 救護義務違反があったもの
- 自動車の装置の故障により、自動車が運行できなくなったもの
- 車輪の脱落、被けん引自動車の分離が生じたもの(故障によるものに限る)
- 橋脚(きょうきゃく)、架線などの鉄道施設を損傷し、3時間以上本線にて鉄道車両の運転を休止させたもの
- 高速自動車国道や自動車専用道路で、3時間以上自動車の通行を禁止させたもの

事故があった日から **30日**以内 → 自動車事故報告書 **3通** → 提出

●重傷者とは？

- 脊柱(せきちゅう)の骨折
- 上腕、または前腕の骨折
- 大腿(だいたい)、または下腿の骨折
- 内臓の破裂
- 14日以上病院に入院することを要する傷害
- 1日以上病院に入院することを要する傷害で、医師の治療を要する期間が30日以上のもの

26 事故の速報

重要度 ★★★

重大な事故のなかでも特に緊急性の高いものには、速報を要します

✓ 速報が必要な事故とは？

　重大な事故があった日から **30日以内に報告** するというルールのほかに、特定の事故に該当する場合は、**速報**というルールがあります。

　特定の事故とは、「2人以上の死者を生じた事故」「5人以上の重傷者を生じた事故」「10人以上の負傷者を生じた事故」などです（次ページ）。

　これらの事故があった場合は、事故報告のほかに、「**電話、ファクシミリ装置その他適当な方法によって、24時間以内にできる限り速やかに、その事故の概要を運輸監理部長または運輸支局長に速報しなければならない**」と定められています。これを速報といい、主に以下の内容を伝えます。

①事業者名
②発生日時
③発生場所
④事故車の登録番号
⑤被害の概要（死者・重傷者・負傷者数、危険物等の種類・積載量など）
⑥事故概要
⑦情報入手先
⑧警察への届出の有無および警察の対応状況
⑨その他判明している事項
⑩緊急連絡担当者名及び連絡先

　ひな形をあらかじめ作成しておくと、スムーズに適切に速報できます。

　また、速報が必要な事故の場合にも、速報したうえで、**報告**のルールに則り、「**30日以内に自動車事故報告書3通を、その自動車の使用の本拠の位置を管轄する運輸監理部長、または運輸支局長を経由して、国土交通大臣に提出**」する必要があります。

● 24時間以内に速報が必要な事故とは？

- 2人以上の死者を生じた事故
- 5人以上の重傷者を生じた事故
- 10人以上の負傷者を生じた事故
- 自動車に積載された危険物などが飛散や漏えいした事故
  ※自動車が転覆し、転落し、火災を起こし、または鉄道車両、自動車その他の物件と衝突、もしくは接触したことにより生じたものに限る
- 酒気帯び運転による事故
- 社会的影響の大きな事故（ニュースなどで報道された事故）

この事故は **速報**が必要！

速報を要する事故と要しない事故をしっかり区別しましょう

● 事故の事案と措置

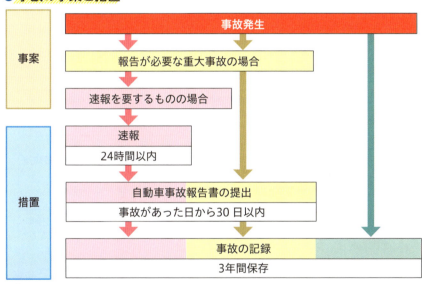

💡 速報するための準備

速報の機会がないに越したことはありませんが万が一の事態に備えて、速報する電話番号（時間外含む）やFAX番号をあらかじめ調べておき、重大事故発生時のフローチャートを作成するなどの準備をしておくと、混乱せずに速報できます。また、事業所内の連絡体制の確立や、事故発生時の対応に関する運転者への教育、事故発生時マニュアルの携行も大事です。

雇い入れたからといって すぐに乗務はできない

　運転者等台帳の記載事項には、雇入れの年月日と運転者に選任された年月日が区別されています。なぜかというと、その間に**「特別な指導」を実施しなければならない**からです。

　雇い入れたからといってすぐに乗務はできません。雇入れ前からでも実施可能なものもありますので、雇入れからなるべく早くに現場に投入したい場合には、事前にスケジュールなどを確認し、実施時期などを計画しておくとスムーズです。雇入れ時に行う内容を表にまとめました。運転者等台帳の記載事項もあわせて確認しましょう。

運転者を雇い入れた場合の実施事項と運転者等台帳の記載事項

雇入れ前でも可能	運転記録証明書	事故歴を把握し、事故惹起運転者に該当するかどうかを確認する ※事故惹起運転者の場合は、特別な指導の内容も、受診させる適性診断も異なる
	雇入れ時の健康診断	「雇入れ時」とは雇入れの直前または直後 ※3ヵ月以内に医師の健康診断を受けており、その結果を証明する書類を提出したときには省略できる 運転者等台帳には……　受診状況を記載（健康診断個人票、または健康診断結果の写しを添付）
	適性診断	事故惹起運転者・初任運転者・高齢者の分類に応じた適性診断の受診 ※過去3年以内に初任診断を受診しており、その診断結果を証明する書類を提出したときは活用できる 運転者等台帳には……　受診状況を記載
雇入れ後に実施	雇入れ時の安全衛生教育	●業務に関して発生するおそれのある疾病の原因およびその予防 ●事故時などにおける応急措置など
	特別な指導	初任運転者に対して実施 （一般的な指導・監督＝合計15時間以上、安全運転の実技＝合計20時間以上） 運転者等台帳には……　指導実施状況を記載
	その他	運転者等台帳には……　雇入れ年月日を記載 ※運転者として選任された場合には、運転者等台帳に「選任年月日」を記載

第 **2** 章

道路運送車両法関係

> 本章では、主に道路運送車両法を学習します。ここで定められているのは、自動車が誰のものなのか、いつまで有効に取り扱えるのかなどの、目に見えない権利を可視化するルールや、自動車そのものについてのルールです。

第2章 MAP

本章では「道路運送車両法関係」の
必修ポイントを学習！
MAPを見て全体像をつかもう

① 道路運送車両法のキホン

法の目的や自動車の種別などの基本的
な内容を解説します。基本があってこ
そ応用ができます。ここでしっかり
学んで基礎固めしましょう

②〜③ 自動車の登録

運行のために自動車を使用する
には、その自動車が誰のものか
などを明確にしなければなりま
せん。そのための手続きを学び
ます。実務でも大事な内容です

4 自動車の検査

自動車を使用するには、検査を受けて、検査を受けたことの証明が必要です。いわゆる車検や車検証などの内容について学びます。実務にも通じる内容です

5～6 自動車の点検・整備

自動車を点検し、必要に応じて整備することで自動車の安全な状態を維持することができます。しっかりと学んでいきましょう

7～8 保安基準

自動車の構造・装置などの安全性や、公害防止のための基準を学びます。安全な運行に欠かせない内容ですので、理解を深めましょう

各テーマのポイントをつかんだら次ページからの本編へGo！▶▶▶

01 目的と自動車の種別

重要度 ★★☆

道路運送車両法での自動車の種別と道路交通法での自動車の種別を区別しましょう

✓ 道路運送車両法の目的とは？

　道路運送車両法におけるさまざまなルールを見る前に、まずはその**目的**を確認しましょう。

　道路運送車両法では、その自動車が誰のものなのかをはっきりさせたうえで、**「安全性の確保」**や環境のために**「公害を防止」**します。そのためにみんなが努力することで、**自動車の「整備の技術が向上」**し、それが**「整備業界」**のためにもなります。

　そしてその結果として、**「社会のためにもなる」**ということを目的としています。

✓ 道路運送車両法での自動車の種別

　道路運送車両法の自動車の種別は、自動車の大きさ、構造、原動機の種類、総排気量などを基準として、次の5つに分けられます。

①**普通**自動車
②**小型**自動車
③**軽**自動車
④**大型特殊**自動車
⑤**小型特殊**自動車

　ただし、この**5つの種別は、道路交通法とは異なっています。**

　道路交通法では、大型自動車・中型自動車・準中型自動車・普通自動車など、全部で8種類に分けられますが、道路交通法でいうところの大型自動車・中型自動車・準中型自動車は、道路運送車両法では普通自動車に分類されます。

● 道路運送車両法・第一条（目的）

この法律は、道路運送車両に関し

① 所有権についての公証等を行い

並びに

② 安全性の確保及び公害の防止その他の環境の保全

並びに

③ 整備についての技術の向上を図り

併せて

④ 自動車の整備事業の健全な発達に資する

ことにより

⑤ 公共の福祉を増進することを目的とする。

条文を目的や手段などで要素を分けると……

- ゴール：**公共の福祉**を増進する（⑤）

これらの結果として、そのためには：
- 所有権についての公証等を行う（①）
- 安全性の確保及び**公害**の防止その他の環境の保全を図る（②）
- 整備についての**技術の向上**を図る（③）
- 自動車の**整備**事業の**健全な発達**に資する（④）

> この法律の目的である「ゴール」に到達するためのプロセスが第一条に示されているわけです

● 道路運送車両法での自動車の5つの種別

① 普通自動車　② 小型自動車　③ 軽自動車
④ 大型特殊自動車　⑤ 小型特殊自動車

5種類!!

💡 自動車の所有を示すための登録

法律の目的で定められている「所有権についての公証等」については、その自動車が誰のものなのかを公にするために「新規登録」「移転登録」「変更登録」「自動車検査証の交付」などを行います。また「安全性の確保及び公害の防止その他の環境の保全」のために「保安基準」が定められています（それぞれの詳細は別ページで解説）。

02 新規登録

自動車が「事業用自動車」として運行できるようになるまでの登録について学びます

✓ 新規登録とは？

　貨物の運行のために使用する自動車は、**自動車登録ファイルに登録を受けたものでなければならない**と定められています。登録を受けていない自動車は、運行してはならないのです。

　この登録を新たに受けることを、**新規登録**といい、登録を受けていない自動車が登録を受けようとする場合は、その自動車の所有者が国土交通大臣に対して新規登録を申請する必要があります。**申請に際しては、必要記載事項を記載した申請書を提出**します。

✓ 新規登録の流れ

　新規登録の申請では、**新規検査の申請**、または自動車予備検査証による**自動車検査証の交付申請**を同時に行います。

　新規検査は、**その自動車が保安上、または公害防止その他の環境保全上の技術基準（保安基準・86～89ページ）に適合しているかどうかを検査**するもので、国土交通大臣が行います。基準に適合すると、国土交通大臣などから**ナンバープレート（自動車登録番号標）**が交付され、それを自動車に取り付けます。これで新規登録が完了です。

　ナンバープレートは、**告示で定める位置に取り付け、かつ国土交通省令で定める方法で表示する必要**があります。これに反する場合は、事業用自動車として、運行に使用することはできません。

　また、取り付けた封印や自動車登録番号標は、整備のために特に必要があるときや、その他の国土交通省令で定めるやむを得ない事由に該当するとき以外は、取り外してはいけません。

●新規登録の流れと申請書の記載事項

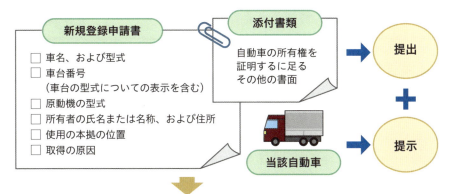

■ 所有者 ❶ 国土交通大臣に対し**新規登録**を申請
※同時に**新規検査**の申請、または自動車予備検査証による**自動車検査証**の交付申請

新規登録申請書
- □ 車名、および型式
- □ 車台番号（車台の型式についての表示を含む）
- □ 原動機の型式
- □ 所有者の氏名または名称、および住所
- □ 使用の本拠の位置
- □ 取得の原因

添付書類
自動車の所有権を証明するに足るその他の書面

→ 提出

当該自動車 → 提示

■ 国土交通大臣
❷ **新規検査**により**保安基準**に適合すると認める
❸ 所有者に**自動車登録番号**を通知する

■ 所有者
❹ **自動車登録番号標**を、国土交通大臣、または自動車登録番号標交付代行者から交付を受け、自動車に取り付ける
❺ 国土交通大臣、または封印取付受託者の行う**封印**の取付けを受ける

封印 / 自動車登録番号標

 ### 新規登録に必要なもの

新規登録の際に自動車の所有者は、国土交通大臣に対して、必要事項を記載した申請書に加えて自動車の所有権を証明する書面なども添付して提出します。提出時には自動車そのものの提示も必要です。

03 変更登録・移転登録など

自動車について、持ち主が変わったり使用しなくなったりした場合にも、登録が必要です

✓ 変更は国土交通大臣へ申請

　自動車について、住所や持ち主が変わるなどした場合は、変更内容に応じて変更登録などの申請が必要です。それぞれの登録について解説していきますが、いずれの登録の場合も国土交通大臣に申請します。はじめて自動車を使用する場合に国土交通大臣に対して新規登録をしたわけですから、変更についても同様なのです。

✓ 変更・移転・一時抹消・永久抹消の違い

　登録されている型式、車台番号、原動機の型式、所有者の氏名（または名称）、住所（または使用の本拠の位置）に変更があったときには、**変更登録**を行います。その事由があった日から **15日以内**に、**自動車の所有者**が申請します。

　所有者の変更があったときには、**移転登録**を行います。具体的には、自動車を売買して持ち主が変わり、名義変更をするときが当てはまります。この場合、その事由があった日から **15日以内**に、**新所有者**が申請します。前の所有者ではありません。必要な書類などは次ページで確認しましょう。

　次に、自動車を運行のために使用することをやめたときは、**自動車の所有者**が**一時抹消登録**や**永久抹消登録**を申請します。違いは、一時的か永久的かによるもので、永久抹消登録は、登録自動車が滅失・解体（整備や改造のための解体は除く）・自動車の用途を廃止したときに行います。

　一時抹消登録の場合、申請して受理され、自動車の用途を廃止した場合には、所有者は、その事由があった日から **15日以内**に、国土交通大臣にその旨を届け出る必要があります。永久抹消登録の場合は、変更登録と同様に、その事由があった日から **15日以内**に所有者が申請します。

● 自動車の登録の主な種類

新規登録 新車やナンバーのついていない自動車を新たに登録する

変更登録 氏名、名称、住所、使用の本拠地などを変更する
※その事由があった日から**15日**以内に申請

移転登録 売買などにより、車を譲渡し、所有者を変更する
※その事由があった日から**15日**以内に申請（新所有者）

移転登録（所有者変更）の必要書類など
● 自動車検査証
● 譲渡証明書
● 印鑑証明書（新所有者・旧所有者）
● 移転登録申請書
● 手数料納付書 ※本人が申請する場合は実印（印鑑証明書の印）、 　代理人が申請する場合は委任状（実印を押したもの）が必要

一時抹消登録 再度使用することを目的に一時的に抹消する
※一時抹消登録を受けた自動車の所有者は、自動車の用途を廃止したときには、その事由があった日から**15日**以内に国土交通大臣に届出
（自動車検査証を国土交通大臣に返納しなければならない）

永久抹消登録 車の滅失、解体、用途廃止などにより永久的に抹消する
※その事由があった日から**15日**以内に申請（所有者）
（自動車検査証を国土交通大臣に返納しなければならない）

それぞれ違いをしっかりと確認しましょう！

 各種の登録における大事なキーワード

「どんなときに」「誰に対して」「誰が」「いつ」「どのような登録を受ける必要があるのか」を整理しておきましょう。
変更登録・移転登録・一時抹消登録・永久抹消登録については「15日以内」がキーワードです。

04 自動車の検査等

重要度 ★★★

適切に自動車の検査を受けた証明が「自動車検査証」。検査には大きく3つあります

✓ 自動車の代表的な3つの検査

　自動車を運行のために使用するには、「この自動車は安全です」という証明として**国土交通大臣が行う検査を受け、有効な車検証（自動車検査証）の交付を受ける必要**があります。代表的な検査は、次の3つです。

①**新規検査**：未登録の自動車を運行のために使用するときに受ける
②**継続検査**：自動車検査証の有効期間の満了後も使用するときに受ける
③**構造等変更検査**：自動車の長さ、幅、高さ、最大積載量などを変更したときに、保安基準に適合しなくなるおそれがあるときに受ける

　この3つのほかに、**臨時検査**と**予備検査**があります。
　自動車検査証には有効期間（車両総重量によって初回の期間が異なる）があり、期間後も継続して使用するには、継続検査を受ける必要があるのです。

　また、自動車検査証の記載事項に変更があった場合、**使用者**は自動車検査証の記載事項に変更があった日から**15日以内**に、変更された内容について自動車検査証の**変更記録**を受けなければなりません。

✓ 自動車検査証の登録・変更・返納・再交付

　新規登録によって自動車検査証が交付され、その内容に変更があった場合には変更記録を受けますが、それ以外にも、自動車を使用しなくなったときには、自動車検査証を**返納**します。また、自動車検査証を失くしたり、汚して識別が困難になったりした場合には、**再交付**を受けることも必要です。

　なお、変更や返納においては、自動車の変更登録などと同様に、**15日以内**に行わなければなりません。

●自動車の代表的な3つの検査のタイミングとポイント

① 新規検査	受けるタイミング	●登録を受けていない自動車を運行に使用しようとするとき ●一時的に使用を中止していた自動車を再び使用するとき	
	ポイント	●自動車の**使用者**は、当該**自動車**を**提示**して、国土交通大臣の行う**新規検査**を受けなければならない ●新規検査の申請は、**新規登録**の申請と同時にしなければならない	
② 継続検査	受けるタイミング	●自動車検査証の有効期間の満了後も、当該自動車を使用しようとするとき	
	ポイント	●当該**自動車**を**提示**して、国土交通大臣の行う**継続検査**を受けなければならない ●当該自動車の**使用者**は、当該**自動車検査証**を国土交通大臣に**提出**しなければならない	
③ 構造等変更検査	受けるタイミング	●自動車の長さ、幅、高さ、最大積載量などを変更したときで、保安基準に適合しなくなるおそれがあるとき	
	ポイント	●使用者は変更事由があった日から**15日**以内に当該変更について、国土交通大臣が行う自動車検査証の**変更記録**を受けなければならない	

●貨物自動車の自動車検査証の有効期間と交付・変更・返納・再交付

	車両総重量 8,000キログラム未満	車両総重量 8,000キログラム以上
初回	**2年**	1年
2回目以降	1年	1年

自動車検査証の有効期間の起算日
① 自動車検査証を**交付する日**
　　　　or
② 自動車検査証に有効期間を**記録する日**

※ただし、有効期間が満了する日の**2ヵ月前**から当該期間が満了する日までの間に継続検査を行い、有効期間を記録する場合、当該自動車検査証の有効期間が**満了する日の翌日**を起算日とする

交付	国土交通大臣の行う**検査**を受け、**保安基準**に適合すると交付される
変更	記載事項に変更があった日から**15日**以内に、国土交通大臣が行う自動車検査証の記録を受けなければならない
返納	自動車が滅失、解体、または自動車の用途を廃止したときは、その事由があった日から**15日**以内に、自動車検査証を**返納**しなければならない
再交付	滅失、毀損(きそん)、またはその識別が困難となった場合は、再交付が受けられる

💡 電子化された自動車検査証はICタグに記録

自動車検査証の電子化により、自動車検査証情報はICタグに記録されています(必要最小限の記載事項を除く)。従来の自動車検査証のサイズがA4なのに対し、電子化された自動車検査証はA6の厚紙にICタグを貼付したものになっています。

05 点検整備

点検には日常点検と定期点検の2つがあります。それぞれを比較してみましょう

✓ 運行開始前に行う日常点検

　貨物の安全な輸送のために、事業用自動車の使用者や運行する者は、**1日1回、その運行の開始前に、自動車を点検しなければなりません**。これを**日常点検**といい、業務前点呼（34ページ）で報告を求め、確認することの1つです。

　具体的には、ライト、ウインカー、ランプなどの灯火装置の点灯、ブレーキなどの制動装置の作動などをはじめ、日常的に点検すべき事項について**目視などにより点検**します。

　また、**事業用自動車の使用者は、事業用自動車を3ヵ月ごとに点検する必要**もあります。これを**定期点検**といい、特に車両総重量8トン以上の自動車には、走行中の脱輪や落下事故を防止するための点検項目があります。

✓ 点検後には整備記録が必要

　日常点検などの点検をし、必要な整備をした場合には、**点検整備記録簿**への記録も必要です。点検の結果や整備の概要などの所定事項を記載しますが、この記録は、事業用自動車を適切に整備していること、つまり運行している自動車が整備不良ではないことの証明にもなります。

　点検整備記録簿は、その自動車に備え置き、記載の日から**1年間保存**します。また、自動車に備え置くだけでなく、その控えを営業所でも管理します。

　整備にかかった費用や突発的な整備の有無、耐久年数などがわかる資料にもなるので、事業の計画を考える際に活用することもできます。

● 日常点検と定期点検の重要項目

日常点検の重要項目

灯火装置・方向指示器	☐ 汚れ、損傷

安全な運行や事前にリスクを回避するために、車両に異常がないか確認します

ブレーキ	☐ ブレーキペダルの踏みしろ、効き具合 ☐ ブレーキの液量 ☐ エアブレーキの空気圧力計の上がり具合 ☐ 排気音 ☐ 駐車ブレーキ・レバーの引きしろ
タイヤ	☐ タイヤの空気圧 ☐ 亀裂、損傷 ☐ 異常摩耗 ☐ ディスク・ホイールの取付け状態 （車両総重量8,000キログラム以上の自動車のみ）

定期点検の重要項目

車両総重量8トン以上の自動車	☐ スペアタイヤ取付け装置のゆるみ、がた、および損傷 ☐ スペアタイヤの取付け状態 ☐ ツールボックスの取付け部のゆるみ、および損傷 ☐ ホイール・ナット、およびホイール・ボルトの損傷

日常点検では、安全な運行のために、車両に異常がないかを確認します。定期点検の項目は、重要なものを抜粋したもので、走行中の落下事故を防止するためのものです

● 点検整備記録簿への記載事項

☐ 点検の年月日
☐ 点検の結果
☐ 整備の概要
☐ 整備を完了した年月日
☐ その他国土交通省令で定める事項

記載の日 から 1年間 保存

当該自動車に備え置く

点検すべき内容とあわせて、記録簿に記載する内容、保存期間などもしっかりと頭に入れておきましょう

06 整備管理者

適切に自動車を管理していないと、地方運輸局長から命令を受けることになります

✓ 整備管理者の選任・解任の届出も必要

　事業用自動車の点検や整備をするうえで、**大型の事業用自動車を 5 両以上使用する事業者は、使用の本拠ごとに整備管理者を 1 名選任しなければなりません**（運行管理者との兼務可）。そして使用者は、整備管理者に対して、**車両の整備などの職務を行ううえで必要な権限を与える必要**があります。

　また、整備管理者を選任したときは、その日から **15 日以内**に地方運輸局長に**届出**が必要です。

　届出は、**解任**したときも同様に必要なのですが、解任には事業者が任意で行う場合のほかに、**解任命令**という強制力のあるものもあります。

　これは、整備管理者が道路運送車両法に基づく命令や処分に違反したときに「**地方運輸局長が使用者に対して命じることができる**」ものです。

✓ 地方運輸局長による使用者への命令

　解任命令のほかにも、自動車が保安基準に適合しなくなるおそれがある状態や適合しない状態にあるときは、自動車の使用者に対し、必要な整備を行うことを命じることができます。これを**整備命令**といいます。

　そして、使用者が整備命令に従わないときには、その自動車の使用停止も命令することができ、これを自動車の**使用停止命令**といいます。

　使用停止命令を受けた使用者は、自動車検査証を国土交通大臣に**返納**し、自動車の所有者は、自動車からナンバープレートと封印を**遅滞なく取り外し**、ナンバープレートについては、国土交通大臣の**領置**（任意で提出させたものを取得する処分）を受けることになります。

　いずれの命令も、命じられると事業に影響が出ますので、整備管理者に関することも法令遵守を心がけましょう。

● 整備管理者の権限とは？

① 日常点検の実施方法を定めること
② 日常点検の結果に基づき、**運行の可否**を決定すること
③ 定期点検を実施すること
④ 日常点検、定期点検のほか、随時必要な点検を実施すること
⑤ 各点検の結果、必要な整備を実施すること
⑥ 点検整備の実施計画を定めること
⑦ 点検整備記録簿その他の点検、および整備に関する記録簿を管理すること
⑧ 自動車車庫を**管理**すること
⑨ 運転者、整備員その他の者を指導・監督すること

● 地方運輸局長による使用者への「命令」

解任
整備管理者が道路運送車両法やこれに基づく命令、またはこれらに基づく処分に違反したときは、**使用者**に対し、整備管理者の解任を**命ずる**

整備
自動車が保安基準に適合しなくなるおそれがある状態、または適合しない状態にあるときは、自動車の**使用者**に対し、必要な**整備**を行うべきことを**命ずる**

保安基準に適合しない状態にある自動車の**使用者**に対し、その自動車が保安基準に適合するに至るまでの間の運行に関し、その自動車の**使用の方法**、または**経路の制限**、その他の保安上または公害防止、その他の環境保全上必要な**指示**をする

使用停止
自動車の**使用者**が整備命令、または指示に従わない場合で、当該自動車が保安基準に適合しない状態にあるときは、その自動車の**使用を停止**することを**命ずる**

自動車の使用停止命令を受けた自動車の**使用者**は、自動車検査証を国土交通大臣に**返納**し、自動車の**所有者**は、**遅滞なく**自動車登録番号標と封印を取り外し、自動車登録番号標について国土交通大臣の**領置**を受けなければならない

整備管理者の補助者とは？

整備管理者にも補助者の制度がありますが、業務は運行可否の決定、日常点検の実施の指導に限られ、たとえば、トラックの点検や整備・管理の実務経験者に整備管理者選任前研修を受講させ、整備管理規程の内容等の教育を実施し、補助者に選任することができます。

07 保安基準①

自動車の装置などの安全性を保ち、環境の保護や公害の防止に寄与するための基準です

✓ 保安基準とは？

保安基準とは、「**自動車の構造や自動車の装置についての保安上、または公害防止などの環境保全上の技術基準**」をいいます。つまり、窓ガラスや方向指示器などの自動車の構造や装置について、安全性や環境保全の観点から見た基準が定められているのです。この基準に適合した自動車でなければ、事業用自動車として運行に使用することはできません。

✓ 構造や装備機材の主な基準

保安基準の1つに**構造**があります。自動車の長さ・幅・高さをはじめ、輪荷重（1つの車輪にかかる重さ）、軸重（1本の車軸にかかる重さ）、車体について、細かく決められているのです。

窓ガラスにも基準があり、覚えておきたいことの1つに「**可視光線の透過率が70％以上であることが確保できるものでなければならない**」があります。可視光線の透過率とは、目にどれくらいの量の太陽の光を通すかの指標で、要は窓ガラスを透過する光の割合を示しています。

数値が低いほど光を通さず、数値が高いほど光を通すことになります。ですから、真っ黒で光を遮ったような窓ガラスは、使用できません。

そして、**装備器材関係の基準**もあります。

たとえば、自動車の後面には、赤色の後部反射器を備えなければならず、後部反射器は、夜間にその後方150メートルの距離から走行用前照灯（ハイビーム）を照射した場合に、照射位置から反射光を確認できる必要があります。

そのほか、どんな保安基準があるかを次ページで確認しましょう。自分が使用する自動車で確認してみるとイメージがしやすいです。

● 自動車の構造や装備に関する主な保安基準

長さ・幅・高さ

- 長さは**12メートル**（セミトレーラのうち告示で定めるものは、13メートル）、幅は**2.5メートル**、高さは**3.8メートル**を超えないこと

輪荷重・軸重

- 輪荷重は**5トン**、軸重は**10トン**（一部11.5トン）を超えないこと

車体

- 鋭い突起がないこと、回転部分が突出していないことなど
- 貨物の運行のために使用する自動車の車体後面には、最大積載量を表示

窓ガラス

- 自動車の前面・側面ガラスは、フィルムが貼り付けられた場合に、フィルムが貼り付けられた状態でも透明で、可視光線の透過率が**70%以上**であることが確保できること
- 窓ガラスには、ステッカーなどが装着・貼付・塗装・刻印されていないこと（以下のものを除く）
  整備命令標章、臨時検査合格標章、検査標章、保安基準適合標章、保険標章、共済標章、保険・共済除外標章、故障車両標章、駐車禁止等のステッカー

後部反射器・大型後部反射器

- **夜間**にその後方**150メートル**の距離から走行用前照灯で照射した場合に、その反射光を照射位置から確認できる赤色の後部反射器を後面に備えること
- 貨物の運行のために使用する自動車で車両総重量が**7トン**以上のものの後面には、**大型後部反射器**を備えること

非常信号用具

- **夜間200メートル**の距離から確認できる**赤色**の灯光を発するものを備えること

停止表示器材

- **夜間200メートル**の距離から走行用前照灯で照射した場合に、その反射光を照射位置から確認できるものを備えること

警音器（クラクション）

- 警報音発生装置の音が、連続するもので、かつ音色、音量などについて基準に適合すること

消火器

- 火薬類を運送する自動車、指定数量以上の高圧ガスを運送する自動車、指定数量以上の危険物を運送する自動車には、消火器を備えること

方向指示器（ウインカー）

- 毎分60回以上120回以下の一定の周期で点滅するものであること

後写鏡（バックミラー）

- 取付部付近の自動車の最外側より突出している部分の最下部が地上**1.8メートル**以下のものは当該部分が歩行者などに接触した場合に、衝撃を緩衝できる構造のものであること

08 保安基準②

速度抑制装置などの装置関係についての保安基準もチェックしましょう

✓ 装置関係にもある保安基準

　保安基準は、前セクションで解説した以外にもあり、**装置関係**もその1つです。

　たとえば、**速度抑制装置（スピードリミッター）** には、次のような保安基準があります。

① **どんな自動車の原動機（エンジン）に備えなければならないか**：車両総重量が8トン以上、または最大積載量が5トン以上の貨物自動車、被けん引自動車をけん引するけん引自動車の原動機

② **どんな性能のものでなければならないか**：自動車が時速90kmを超えて走行しないように燃料の供給を調整し、かつ自動車の速度の制御を円滑に行うことができるもので、速度制御性能などについて基準に適合するもの

③ **装備している場合に必要な表示**：特定の様式による標識を車室内の運転者の見やすい位置と車両の後面（けん引自動車を除く）に表示

　速度抑制装置のほかにも、**原動機、走行装置（タイヤ）にも保安基準があり、また、事故を未然に防ぐための巻込防止装置、車両接近通報装置などにもルールがあります。**

　主な内容を次ページにまとめています。装置自体が不要な自動車もありますので、あわせて覚えましょう。

　なお、道路運送車両法で定める正式な名称と一般的な呼称が異なるものがあります。

　たとえば、方向指示器＝ウインカー、非常点滅表示灯＝ハザードランプ、警音器＝クラクション、後写鏡＝バックミラーなどです。これらについては、正式な名称と呼称を一致させることができるようにしておきましょう。

● 自動車の装置に関する主な保安基準

原動機・動力伝達装置（エンジン）

- 車両総重量が**8トン**以上または最大積載量が**5トン**以上の貨物自動車、けん引自動車の原動機は**速度抑制装置**を備えること（最高速度が時速90km以下の自動車など一部のぞく）。速度抑制装置を装着している自動車は、右のようなステッカーを貼る

速度抑制装置付

走行装置（ホイール、ブレーキなど）

- 堅ろうで、安全な運行を確保できる強度であること

衝突被害軽減制動制御装置

- 車両総重量が**8トン**を超えるものには衝突被害軽減制動制御装置を備えること

巻込防止装置

- 貨物の運行のために使用する自動車及び車両総重量が8トン以上の普通自動車（乗車定員11人以上の自動車など一部のぞく）の両側面には、堅ろうで、かつ、歩行者、自転車の乗車人員などが当該自動車の後車輪へ巻き込まれることを、有効に防止できる巻込防止装置を備えること

突入防止装置

- 自動車の後面には、他の自動車が追突した場合に追突した自動車の車体前部が突入することを有効に防止できる**突入防止装置**を備えること

騒音防止装置

- 騒音を著しく発しないもので、構造、騒音の大きさなどについて基準に適合すること
- 内燃機関を原動機とする自動車には、騒音の発生を有効に抑止することができるもので、構造、騒音防止性能などについて基準に適合する消音器を備えること

車両接近通報装置

- 電力により作動する原動機を有する自動車には、当該自動車の接近を歩行者などに通報できるもので、機能、性能などについて基準に適合する車両接近通報装置を備えること

速度抑制装置は、自動車が時速90kmを超えて走行しないように、燃料の供給を調整し、自動車の速度制御を円滑に行うものです。装着している自動車は、上表の右上のようなステッカーを張る必要があります

運送業の労働災害防止のポイント

　運送業の労働災害は、交通事故だけではありません。**労働災害の実に約3割を「荷台からの墜落・転落災害」が占めています。**

　そのため、労働者の危険を防止するため、最大積載量が2トン以上のトラックで荷を積み卸す作業を行うときは、**安全に昇降するための設備を設け、その設備を使用することが義務付けられています。**昇降するための設備とは、踏み台などの可搬式のもののほか、トラックに設置されている昇降用ステップなどをいいます。

　さらに、下記のトラックで荷を積み卸す作業を行うときは、保護帽（ヘルメット）の着用が義務付けられています。
- 最大積載量5トン以上（トラックの種類にかかわらず）
- 最大積載量2トン以上5トン未満で、荷台の側面が開放できるもの（平ボディ車、ウイング車など）
- 最大積載量2トン以上5トン未満で、テールゲートリフターが設置されているもの（バン車など。ただし、使用時に限る）

　なお、ヘルメットは、何でもよいのではなく、**型式検定に合格した「墜落時保護用」のものを使用する必要**があります。

　これらのルールに違反した場合には、事業者も労働者も次の処分を受ける可能性があります。
- 昇降設備を設置しなかった事業者
　保護帽の着用をさせなかった事業者
　→6ヵ月以下の懲役または50万円以下の罰金
- 昇降設備を使用しなかった労働者
　保護帽を使用しなかった労働者
　→50万円以下の罰金

　労働災害を起こさないように、ルールを理解し、遵守するようにしましょう。

第 **3** 章

道路交通法関係

> 本章では、主に道路交通法を学習します。「この場合」は「こうしなければならない」といった、それぞれのシーンで異なるルールが定められています。深掘りするよりも、いろいろなことを幅広く押さえていくことが重要です。

第3章 MAP

本章では「道路交通法関係」の必修ポイントを学習！MAPを見て全体像をつかもう

1~3 道路交通法のキホン

法の目的、用語の定義、自動車の種別などの基本的な内容からスタート！　ポイントを押さえましょう

4~6 自動車の種類ごとのルール

自動車の種類によって免許や最高速度などが異なります。自動車を運転するための大事なルールを学習しましょう

7~10 過積載の重要ポイント

積載の制限についての原則と例外をはじめ、制限に違反した場合はどうなるのかを学びます。過積載はゼッタイNG！

11~12 運転者や使用者に対するルール

運転者の遵守事項や使用者の義務といった、自動車ではなく、人に対するルールを学んでいきましょう

13~16 基本的な交通ルール

信号・合図・徐行・一時停止などの基本的な交通ルールを解説します。基本とはいえ、とても重要です！

17~18 場所によって異なる交通ルール

特定の場所で禁止されている、追越し・駐車・停車の細かいルールを確認していきましょう。運転者も必読！

各テーマのポイントをつかんだら
次ページからの本編へGo！▶▶▶

01 目的と定義

目的はシンプルに覚え、定義は暗記ポイントを押さえて混同しないようにしましょう

✓ 道路交通法の目的とは？

道路交通法の目的は、次の3つです。
①道路における危険を防止する
②その他交通の安全と円滑を図る
③道路の交通に起因する障害の防止に資する（役立てる）

内容がシンプルであり、一般によくいわれるようなものでもあるので、理解しやすいと思います。

一方、道路交通法では、「○○とは□□をいう」という言葉の定義を正確に覚える必要があります。

たとえば、似た言葉で道路標識と道路標示があります。

道路標識とは、道路の交通に関して、規制、または指示を表示する「標示板」をいいます。

一方で道路標示とは、道路の交通に関して、規制、または指示を表示する「標示」で、路面に描かれた道路鋲、ペイント、石などによる線、記号、または文字をいいます。

この2つに共通することは、どちらも標示に関するもので、どちらにも標示という言葉が使用されています。ですから、標示という言葉だけでは、どちらかを特定することができません。

そこで覚え方のポイントとしては、**どちらかだけにある言葉をキーワードとしてとらえる**ことです。

たとえば、「ペイント」がそれにあたります。標示に関する定義で、「**ペイントがあるほうが道路標示**」という具合です。

このように、道路交通法の定義では、それぞれの言葉を正しく覚え、違いを区別する力が求められます。しっかり正しく覚えていきましょう。

●「道路交通法」の3つの目的

目的 1	目的 2	目的 3
道路における**危険を防止**する	その他交通の**安全と円滑**を図る	道路の交通に起因する**障害の防止**に資する

●道路標識と道路標示の定義

道路標識	道路の交通に関し、規制、または指示を表示する標示板
道路標示	道路の交通に関し、規制、または指示を表示する標示で、路面に描かれた道路鋲、ペイント、石などによる線、記号、または文字

道路**標識**

道路**標示**

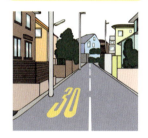

道路標識は、「案内」「警戒」「規制」「指示」「補助」の5種類に分類されます

 定義の覚え方は「イメージ」

言葉の定義の覚え方として、一般的には、声に出す、語呂合わせをつくる、などがありますが、具体的なイメージと連想させるのも手です。道路標示でいえば、「ひょうじ」の「じ」は「じめん」の「じ」ととらえて、路面に描かれたものをイメージする、などです。こうした自分流の覚え方を考えるのも、学習の楽しみといえます。

02 道路関連の定義

まずは覚えやすいものから覚えて、だんだんと範囲を広げていくことが基本です

✓ 車両の定義のなかに軽車両という定義がある

　続いて、より具体的に道路に関連する定義を見ていきましょう。言葉としては、どれも身近でなじみのあるものだと思います。

　まず、**車両**とは自動車、原動機付自転車、軽車両およびトロリーバスをいいます。

　これに対して「軽」がつく**軽車両**は、自転車、荷車のほか、人力車やそりなどの人や動物の力で他の車両にけん引され、レールによらないで運転する車をいいます。ただしこれには、移動用小型車、身体障害者用の車、歩行補助車などは含まれません。

　道路交通法で学習する定義には、このように、**「車両とは何か」の大きな定義のなかに「軽車両とは何か」という別の小さな定義があります**。つまり、定義のなかに階層を踏んだ定義が示されているのです。

　そのため、言葉を覚えるうえでは、定義のなかの階層を読みとる力が必要です。

　たとえば、自転車は車両のなかの軽車両に分類されますが、それを理解するには、車両と軽車両それぞれの定義を理解していないと、たどり着けないのです。

　ほかにも、**車道**とは、車両の通行に使用するために、縁石線、柵などの工作物や道路標示によって区画された道路の部分をいいます。定義のなかに、車両や道路標示という言葉がありますので、これらの定義を理解していることを前提に示されていることがわかります。

　ですから、**用語に対する定義を正しく当てはめるには、それぞれの定義を覚えることが、はじめの一歩であり、それに尽きる**といえます。次ページの表を確認しながら、しっかりと覚えましょう。

● 道路に関連する用語と定義

用語	定義
道路	道路法に規定する道路、道路運送法に規定する自動車道、および一般交通に使用するその他の場所
歩道	「歩行者」の通行に使用するために、縁石線、柵、その他これに類する工作物によって区画された道路の部分
車道	「車両」の通行に使用するために、縁石線、柵、その他これに類する工作物、道路標示によって区画された道路の部分
自転車道	「自転車」の通行に使用するために、縁石線、柵、その他これに類する工作物によって区画された「車道」の部分
本線車道	高速自動車国道や自動車専用道路の本線車線によって構成する車道
車両通行帯	車両が道路の定められた部分を通行すべきことが道路標示によって示されている場合で、その道路標示によって示されている道路の部分
路側帯	歩行者の通行に使用するため、または車道の効用を保つために、歩道の設けられていない道路や、道路における歩道の設けられていない側の路端寄りに設けられた帯状の道路の部分で、道路標示によって区画されたもの
横断歩道	道路標識や道路標示によって、歩行者の横断に使用するための場所であることが示されている道路の部分
交差点	十字路、丁字路などの2以上の道路が交わる場合における、2以上の道路（歩道と車道の区別のある道路では車道）が交わる部分
安全地帯	路面電車に乗降する者や横断している歩行者の安全を図るために、道路に設けられた島状の施設。または、道路標識や道路標示によって安全地帯であることが示されている道路の部分
車両	自動車、原動機付自転車、軽車両、およびトロリーバス
自動車	原動機を用い、かつレールや架線によらないで運転されるもの。ただし、特定自動運行を行う車であって、原動機付自転車、軽車両、移動用小型車、身体障害者用の車、遠隔操作型小型車、歩行補助車、乳母車その他の歩きながら用いる小型の車で、政令で定めるもの以外のもの
軽車両	自転車、荷車のほか、人力車やそりなどの人や動物の力で他の車両にけん引され、レールによらないで運転する車。移動用小型車、身体障害者用の車、歩行補助車など以外のもの

> 試験対策上、用語の定義は表の言葉通りに暗記する必要があります。まずは覚えやすいものから覚える。そして、だんだん覚える範囲を広げていくことがポイントです

03 自動車の種類

自動車の種類に応じた車両総重量と最大積載量をセットで覚えましょう

✓ 自動車には8つの種類がある

　自動車は、車体の大きさ、構造、原動機の大きさを基準として、①**大型**自動車、②**中型**自動車、③**準中型**自動車、④**普通**自動車、⑤**大型特殊**自動車、⑥**大型**自動二輪車、⑦**普通**自動二輪車、⑧**小型特殊**自動車の８つに区別されます。

　このなかで、次の４つについては、試験対策上、自動車の種類に対する車両総重量と最大積載量を覚えておく必要があります。

①大型自動車
②中型自動車
③準中型自動車
④普通自動車

　たとえば、「**大型自動車とは、車両総重量 11,000 キログラム、最大積載量 6,500 キログラムのことである**」というレベルです。

　特に最大積載量がわかっていないと、その自動車に、どのくらいの貨物を積載できるかがわからないため、知らないうちに過積載となってしまうおそれがあります。もちろん法律は「知らない」「そんなつもりはなかった」で許してはくれません。

　ちなみに、自動車の最大積載量は、次の計算式で求めます。
　車両総重量－（車両重量＋乗車定員重量（１人あたり 55kg））
　そのため、各自動車のタイプや形状、付加装備によって異なります。実際に使用する自動車の車両総重量や最大積載量は、**自動車検査証**（80 ページ）に記載されていますので、必ず把握しておく必要があります。**自分の事業所で使用している車両について確認してみましょう。**

● 道路交通法での自動車の区分と車両総重量・最大積載量

種類	車両総重量	最大積載量
大型自動車	11,000 キログラム（11 トン）以上	6,500 キログラム（6.5 トン）以上
中型自動車	7,500 キログラム（7.5 トン）以上 11,000 キログラム（11 トン）未満	4,500 キログラム（4.5 トン）以上 6,500 キログラム（6.5 トン）未満
準中型自動車	3,500 キログラム（3.5 トン）以上 7,500 キログラム（7.5 トン）未満	2,000 キログラム（2 トン）以上 4,500 キログラム（4.5 トン）未満
普通自動車	3,500 キログラム（3.5 トン）未満	2,000 キログラム（2 トン）未満

試験対策として、自分の事業所の車両の最大積載量、車両総重量を把握しておきましょう

 4トン車なのに4トン積載できない？

通称「4トン車」と呼ばれる自動車（車両総重量8トン未満・最大積載量5トン未満の法改正前の中型トラック）には、実際に4トンの貨物が積載できないことが少なくありません。特に箱型のバン車やウイング車の場合には、その過重も関係しますので、実際の最大積載量は4トンに満たないのです。通称はあくまでも通称です。ですから最大積載量は、必ず自動車検査証等で確認しておくことが必要です。

04 運転免許の種類

免許区分に応じた自動車を使用しないと、行政処分と刑事処分を受けることがあるので要注意です

✔ 自動車の免許区分と運転可能な自動車

　自動車には8つの種類がありますが、その種類によって必要となる免許は異なります。当然、**使用する自動車に対応した免許を持った運転者に乗務させる必要**がありますので、免許区分と運転可能な自動車を確認しましょう。

　たとえば準中型免許を持つ運転者に、準中型免許では運転できない自動車を運転させたらどうなるでしょうか。この場合は**無免許運転**となり、運転者に対して行政処分と刑事処分があわせて下される可能性があります。

　行政処分では、**免許の取消し**があります。そして、その後**2年間は欠格期間**となり、免許の再取得ができないなど、運転者としての業務に重大な影響が生じます。刑事処分としては、「**3年以下の懲役、または50万円以下の罰金**」という重いものとなっています。

　また、運行管理者は業務の指示に直接かかわるため、運転者が無免許である事実を知りながら運転させていた場合は、運行管理者にも**下命・容認**について同様の処分が下る可能性があります。下命・容認は、過労運転（30ページ）や過積載（28ページ）にもあるように「悪質」と取り扱われるのです。

　さらに、**無免許運転による事故を発生させた場合には、事業者は行政上・刑事上・民事上の責任をも負う可能性があります**。責任と処分については次ページで確認しましょう。

　免許区分と運転可能な自動車を把握したうえで、運転者の所持する免許区分に応じた自動車での乗務をさせることが求められています。無免許運転を防止する方法としては、営業所単位で「運転者の運転記録証明を定期的に取得する」「点呼時に運転免許証の提示を求める」「公私を問わず交通違反などの報告制度を設ける」などがあげられます。

● 第一種免許の種類と運転可能な自動車など

免許区分	免許取得条件			運転可能な自動車			
	年齢	免許保有期間	その他	普通自動車	準中型自動車	中型自動車	大型自動車
大型免許	19歳以上	1年以上	特別な教習を修了	○	○	○	○
中型免許				○	○	○	―
準中型免許	18歳以上	―	―	○	○	―	―
普通免許				○	―	―	―

● 違反時の行政上・刑事上・民事上の責任

区分	行政上の責任	刑事上の責任	民事上の責任
処分	運転免許の取消し・停止 運行管理者資格の取消し 車両使用停止 事業停止 事業許可取消し	懲役 禁錮 罰金 （併科あり）	使用者責任 損害賠償責任

無免許運転だった場合には……

区分	行政上の処分	刑事上の処分
運転者	免許の取消し	3年以下の懲役、 または50万円以下の罰金
運行管理者	運行管理者資格の取消し	
事業者	車両使用停止+事業停止	

上表の処分では、違反者本人と事業者の両方を罰する「両罰規定」もあります。また、下命・容認があった場合は、より厳しいものになり、重大事故を引き起こした場合は、さらに厳しいものになります。処分の対象は事業者だけでなく、運行管理者に及ぶこともあります

 免許を取得していても無資格運転になるケース

大型免許を取得していても、年齢制限や免許保有期間の条件を満たしていない者が大型自動車を運転した場合、「無資格運転」となります。中型免許を受けた者が大型自動車を運転した場合の無免許運転との違いは、免許はあるものの、条件に違反している点です。

05 運転免許の取消し等

免許の「取消し」「効力の停止」を待たずに「仮停止」を行う理由を整理しましょう

✓ 免許の「取消し」「効力の停止」「仮停止」は誰が行う？

　自動車の運転免許保有者が、自動車などの運転に関して道路交通法（同法に基づく命令の規定や処分を含む）に違反したときなどは、違反者の住所地を管轄する公安委員会は、違反者の免許について政令で定める基準に従い、**取消し**や**効力の停止**（6ヵ月を超えない範囲。いわゆる**免停**）をすることができます。

　ですが、免許の取消しや免停の処分をする場合、その処理には時間がかかります。もしも、処分が下るまでの間に運転することができるなら、処分のときまで道路交通の安全に対する脅威が排除できないことになります。

　そこで、悪質かつ重大な事故に対する制度として、**仮停止**があります。

　これは、次ページの図に該当する違反によって事故を起こした場合、**事故の発生場所を管轄する警察署長が、速やかにその交通事故を起こした者の免許の効力を停止することができる**ものです。

　公安委員会による処分が行われるまでの間（事故の日から起算して30日が経過するまで）、応急的な仮の処分をするもので、これにより、道路交通上の危険を取り除くというわけです。なお、仮停止中に自動車を運転した場合は、無免許運転となります。

　貨物自動車運送事業の許可に欠格期間があったように（22ページ）、免許の取消し処分の後には、**欠格期間**があります。つまり、一定の期間は免許を取得することができません。

　特に、運転殺人等、運転傷害等、危険運転致死、危険運転致傷、酒酔い運転・麻薬等運転、救護義務違反などの場合の欠格期間は、**3年以上10年を超えない範囲**の長い期間で設けられています。こうした事故を起こさないように、日頃から安全運転を心がけましょう。

●免許の「仮停止」となる主な違反と手順

道路交通法、命令の規定、規定に基づく処分に違反したとき	
公安委員会	● 免許の取消し ● 免許の効力の停止（6ヵ月を超えない範囲内）

公安委員会による処分が行われるまで、速やかに道路交通上の危険を取り除くために…

- 交通事故での救護義務違反
- 酒気帯び運転
- 過労運転
- 麻薬、大麻、あへん、覚せい剤等使用
- 運転者の遵守事項違反
- あおり運転
- ながら運転
- 最高速度違反

これらの違反により交通事故を起こして人を死亡、または傷つけた場合

→ 警察署長
免許の効力の仮停止
30日を経過する日を終期

公安委員会	死亡事故や悪質な交通違反などの情報の提供 →	運輸局・運輸支局

●酒気帯び運転と酒酔い運転の違い

酒気帯び運転	政令で定める一定基準以上のアルコール（呼気1ℓ中、0.15mg以上）を身体に保有している状態
酒酔い運転	アルコールの影響により車両などの正常な運転ができないおそれがある状態（酒気帯び運転よりも重い処分を受ける）

 運転者だけでなく事業者も処分される可能性がある

運転免許の仮停止の処分を下された運転者は、その後免許の取消しや免許の効力を停止されることになります。この場合、事業者に対しても、事業停止処分が下される可能性があります。

06 自動車の最高速度

重要度 ★★☆

最高速度が道路標識などで指定されている場合・されていない場合を区別しましょう

✓ 自動車の種類で異なる高速道路の最高時速

自動車の**最高速度**は、道路標識などによって指定されています。たとえば95ページの道路標識と道路標示の図でいえば、それぞれ時速40km、時速30kmを示しており、この速度内で走行しなければなりません。

一方で、最高速度が指定されていないこともあります。この場合、一般道路においての最高速度は**時速60km**です。

また、**一般道路でほかの自動車をロープでけん引する場合の最高速度に関するルールもあります**。下記の2つで区別します。
①車両総重量2,000キログラム以下の自動車をその3倍以上の車両総重量の自動車でけん引する場合
②上記①以外の場合

判断のポイントは次ページのように、まず「けん引される」自動車の**車両総重量が2,000キログラム以下の自動車**かどうかを見ます。そのうえで「けん引する」自動車と「けん引される」自動車の車両総重量を比べて**3倍以上**かどうかを確認し、最高速度を導き出します。

高速道路（高速自動車国道）に関しては、自動車の種類によって次ページの表のように最高速度が定められています。ポイントは、大型自動車と特定中型貨物自動車の最高速度です。以前は時速80kmでしたが、「物流の2024年問題」の対策のため、2024年4月1日以降、**時速90km**に引き上げられました。

一般道と同様に高速道路でも、個別に最高速度の規制がある場合があります。この場合は、その速度規制に従わなければなりません。また、自動車専用道路での大型貨物自動車などの最高速度は**時速60km**です。

使用者には、運転者に対して、こうした運転時の速度などに関する事項を遵守させる義務があります。あわせて覚えておきましょう。

● 高速道路の最高速度の違い

大型自動車	特定中型貨物自動車	大型・中型トレーラ	大型・中型バス	中型自動車	準中型自動車	普通自動車
最高速度 時速90km		最高速度 時速80km		最高速度 時速100km		

※ 高速自動車国道の本線車道、これに接する加速車線・減速車線以外の道路を通行する場合の最高速度は、時速60km

● 一般道路でほかの自動車をけん引して走行する場合の最高速度

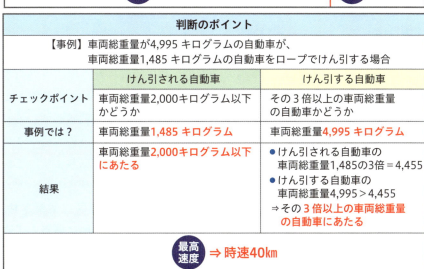

 事故時の衝撃力は速度の2乗に比例

物体がほかの物体に衝突したときに受ける力を衝撃力といい、速度の2乗に比例します。つまり、自動車の速度が速いと、事故時の衝撃力も増すのです。ですから運行管理者には、その内容を踏まえた最高速度に関する指導・監督が求められています。

07 積載制限

積載方法や積載制限では「原則」と「例外」を整理することがポイントです。

✓ 「原則」と「例外」の関係性

「○○をしてはならない」という原則に対して、「ただし特定の要件を満たした場合」に限っては「別の効果を発生させる」という例外があることがあります。原則と例外のルールには、こうした関係性があるため、

- 原則は何か
- 例外が適用される要件は何か
- 例外によって生じる効果は何か

これらの整理が大事で、特に積載制限では、この点の理解が重要です。

乗車や積載の方法には、「車両の乗車のために設備された場所以外の場所に乗車させることや積載のために設備された場所以外の場所に積載して車両を運転してはならない。ただし、貨物自動車で貨物を積載しているものは、その貨物を看守する（見守る）ために必要な最小限度の人員をその荷台に乗車させて運転することができる」というルールがあります。これを原則・要件・例外にわけて、整理してみましょう。

原則は、「**車両の乗車のために設備された場所以外の場所に乗車させ、または乗車もしくは積載のために設備された場所以外の場所に積載して車両を運転してはならない**」です。

ただし、「**貨物自動車で貨物を積載しているものは**」という要件を満たした場合は、例外として、「**貨物を看守するため必要な最小限度の人員をその荷台に乗車させて運転することができる**」という、原則とは別の効果を発生させる関係性になっています。

次ページの表でも、原則は「運転してはならない」ですが、例外として、「車両の出発地を管轄する警察署長が許可したとき」という要件を満たした場合に、例外として「運転することができる」という、原則とは別の効果を発生させています。こうした点を意識しましょう。

● 乗車・積載の方法に関する原則と例外

原則	例外
● 車両の乗車のために設備された場所以外の場所に乗車させたり、乗車や積載のために設備された場所以外の場所に積載したりして車両を運転してはならない	● 貨物自動車で貨物を積載しているものでは、その貨物を看守するために必要な最小限度の人員を荷台に乗車させて運転することができる ● 車両の出発地を管轄する警察署長が、当該車両の構造や、道路・交通の状況により支障がないと認め、積載の場所を指定して許可をしたときは、その車両の乗車や積載のために設備された場所以外の場所で指定された場所に積載して車両を運転することができる ● 車両の出発地を管轄する警察署長が、道路・交通の状況により支障がないと認め、人員を限って許可をしたときは、その人員の範囲内で貨物自動車の荷台に乗車させて運転することができる

> 荷台に乗車させて運転することができるのは「当該自動車が積載可能な重量までの人員」ではありません

ものごとの基本的な「原則」
=「車両を運転してはならない」

ただし、「特定の『要件』を満たした場合」に限っては
=「警察署長が許可したとき」

「例外」として、「別の効果を発生させる」
=運転することができる

> 原則・要件・例外を整理して覚えましょう

乗車や積載に関するその他の注意点

「運転者の視野をさえぎる」「ハンドルなどの操作を妨げる」「後写鏡が使用できない」「車両が不安定になる」「外部から車両の方向指示器、番号標、制動灯、後部反射器などを確認できない」ような乗車や積載をしての車両の運転はNGです。これも押さえておきましょう。

原則とは別の「制限外積載」という例外が適用される
ケースを中心に学習しましょう

✓ 制限外積載が許可される例外とは？

　車両の運転者は、以下について**政令で定める制限を超えて乗車・積載して車両を運転することはできません**（基準は次ページ）。
①乗車人員
②積載物の重量
③積載物の長さ、幅、高さ
④積載の方法

　そして、**制限を超えて乗車・積載することを、使用者が運転者に対して下命・容認してはならないことも重要なポイント**です。

　ただし、この基準にも「特定の要件を満たした場合」に限り、例外として「別の効果を発生させる」ルールがあります。

　原則は、上記の①～④について制限を超えて車両を運転することはNGですが、「車両の出発地を管轄する警察署長が許可したとき」という要件を満たした場合は、例外として「制限を超える乗車をさせて運転することができる」という、原則とは別の効果を発生させることができます。

　この例外の制度を**制限外積載許可**といいます。

　たとえば、**貨物が分割できないものの場合に、積載物の重量などを、制限を超える積載をして車両を運転する場合**がこれにあたります。大前提として、制限外積載許可を必要としない積載方法を検討し、やむを得ない場合において許可を申請するというものです。

　申請においては**運転者が申請者**となり、使用する車両の情報や運搬品名、実際に制限を超える積載物の大きさ・重量、運転経路などを記載した申請書を提出します。そして、**警察署長**から制限外積載に関する許可証の**交付**を受け、積載・運転をするという流れになります。

● 乗車・積載の制限における原則と例外など

原則	例外
● 政令で定める乗車人員、積載物の重量、大きさ、積載の方法の制限を超えて、乗車や積載をして車両を運転してはならない	● 車両の出発地を管轄する**警察署長**が**許可**したときは、制限を超える乗車をさせて運転することができる ● 貨物が分割できないものであるために、積載重量などの制限などを超えることになる場合、車両の出発地を管轄する**警察署長**が、その車両の構造や、道路・交通の状況により支障がないと認め、積載重量などを限って**許可**をしたときは、車両の運転者は、その許可の範囲内で当該制限を超える積載をして車両を運転することができる

例外が適用となる要件は、「警察署長の許可」です

乗車人員	自動車検査証、保安基準適合標章または軽自動車届出済証に記載された**乗車定員**をそれぞれ超えないこと
積載物の重量	自動車検査証、保安基準適合標章または軽自動車届出済証に記載された**最大積載重量**をそれぞれ超えないこと

積載物の長さ幅高さ	長さ	自動車の長さに、その長さの**10分の2**の長さを加えたものを超えないこと
	幅	自動車の幅に、その幅の**10分の2**の幅を加えたものを超えないこと
	高さ	**3.8**メートルから、その自動車の積載をする場所の高さを減らしたものを超えないこと（ただし、公安委員会が道路・交通の状況により支障がないと認めたものの場合、**3.8**メートル以上**4.1**メートルを超えない範囲内で公安委員会が定める高さ）

積載の方法	前後	車体の前後から自動車の長さの**10分の1**の長さを超えてはみ出さないこと
	左右	車体の左右から自動車の幅の**10分の1**の幅を超えてはみ出さないこと

● 制限外積載許可の流れ

制限外積載許可申請書の主な記載事項
● 運転者の免許証の種類、番号
● 車両の種類
● 自動車登録番号
● 運搬品名
● 車検証上の自動車の長さ、幅、高さ、最大積載量
● 実際に制限を超える積載物の大きさ、重量
● 運転の期間
● 運転経路など

許可申請 →

← 許可証の交付

警察署長

09 過積載に対する運転者への措置

過積載による運転をした場合の措置には、どんなものがあるかを学習します

✓ 過積載で運転した場合の措置

　これまで繰り返し解説してきた通り、自動車の使用者や運転者は、貨物の輸送の安全を守らなければなりません。そのため、運行管理者を含めた自動車の使用者は、**自動車の運転者に対して過積載（積載制限違反）による運転や過労運転などの「業務上の下命・容認」**（次ページ①）をしてはなりません。

　過積載については、過積載の防止（28ページ）でも学習したように、違反した場合には、運転者・使用者・荷主それぞれに対して罰則があります。そして、罰則だけでなく、さまざまな措置がとられることもあります。

　過積載のおそれがある場合の警察官による運転者への措置としては、「積載物の重量の測定等」（②）です。警察官は過積載と認められる車両が運転されているときは、車両を停止させ、運転者に対して自動車検査証や制限外積載許可証（108ページ）などの提示を求め、積載物の重量を測定することができます。

　次に、**実際に過積載をしている場合には、警察官による運転者への措置として、「過積載車両に係る措置命令」**（③）があります。警察官は、過積載をしている車両の運転者に対し、過積載とならないようにするために必要な応急の措置をとることを命ずることができるのです。

　たとえば、過積載分の積荷をおろすことや、他の車両への積み替えなどです。②と③のどちらも、「警察官」が「運転者」に対して行う措置である点を覚えておきましょう。

　なお、過積載による運転者への罰則としては、たとえば、大型自動車で重度な過積載をしていた場合には、免許の効力の停止という行政処分とあわせて、「6ヵ月以下の懲役又は10万円以下の罰金」という刑事処分を下される可能性があります。

●運転者に対する過積載に関する3つのルール

ルール❶
使用者による下命・容認の禁止　　　使用者 → 運転者

自動車の使用者は、自動車の運転者に対し、過積載での運転や過労運転をすることを命じたり、自動車の運転者がこれらの行為をすることを容認したりしてはならない

ルール❷
積載物の重量の測定等　　　警察官 → 運転者

警察官は、積載物の重量の制限を超える積載をしていると認められる車両が運転されているときは、その車両を停止させ、その車両の運転者に対し、自動車検査証などの書類の提示を求めること、当該車両の積載物の重量を測定することができる

ルール❸
過積載車両に係る措置命令　　　警察官 → 運転者

警察官は、過積載をしている車両の運転者に対し、その車両の積載が過積載とならないようにするために必要な応急の措置をとることを命ずることができる

誰が誰に対するルールなのかを整理して覚えましょう

💡 運行管理者は使用者と同じ分類

自動車の運行を直接管理する地位にある者として、運行管理者は使用者に分類されます。そのため、過積載などの下命・容認をした場合には、運行管理者も「6ヵ月以下の懲役又は10万円以下の罰金」の刑事処分を下される可能性があります。ですから運行管理者は、自覚と責任をもって誠実に業務を行う必要があります。

10 過積載に対する使用者などへの措置

過積載をした場合、使用者や荷主に対してはどんな措置があるかを確認しましょう。

✓ 措置のポイント

　過積載車両に係る措置命令（110ページ）が下された場合で、車両の使用者が過積載の防止のために必要な運行の管理を行っていないと認められたときには、公安委員会は使用者に対して指示ができます。これを公安委員会による過積載車両に係る指示といい、具体的にいうと次の2つです。
①運転者に車両を運転させる場合に、積載物の重量を確認するように運転者に指導・助言すること
②車両に係る過積載を防止するために、必要な措置をとること
　この場合は、**公安委員会が使用者に対して措置を取ります**。110ページの「過積載車両に係る措置命令」とあわせて、「誰が」「誰に」「どのような措置をとるか」の区別をしておきましょう。
　また、過積載車両に係る指示があったにもかかわらず、1年以内に再度過積載による運転が行われていた場合は、公安委員会により、さらに重い罰則が下されます。
　ところで、ここまでの措置は、運転者や使用者への措置でしたが、外部的な要因（荷主）によっても過積載が発生することがあります。そのため、過積載車両の運転の要求等の禁止という、荷主に対する措置もあります。
　これには、車両の運転者に対し、**過積載をして車両を運転することを要求してはならないこと、過積載になるとわかっていながら積載制限を超える積載物を車両に積載させるために売り渡しや引き渡しをしてはならないこと**が示されています。そして、荷主が繰り返し違反行為をするおそれがあるときは、警察署長は荷主に対して、違反行為をしてはならないという、荷主への再発防止命令を命ずることができます。
　過積載は、社会に対しても重大な影響を及ぼす違反です。そのため、さまざまな措置がとられるのです。

●過積載に関するその他の重要な3つのルール

ルール❶ 過積載車両に係る指示

公安委員会 → 使用者

過積載車両に関する措置命令がされた場合に、その車両の使用者が当該車両について過積載を防止するために必要な運行の管理を行っていると認められないときは、その車両の使用の本拠地を管轄する公安委員会は、使用者に対して、車両を運転者に運転させる場合にあらかじめ積載物の重量を確認することを運転者に指導・助言すること、車両の過積載の防止のために必要な措置をとることを指示することができる

ルール❷ 過積載車両の運転の要求等の禁止

荷主

- 車両の運転者に対して、過積載をして車両を運転することを要求してはならない
- 車両の運転者に対して、車両への積載が過積載となると知りながら、制限重量を超える積載物を車両に積載させるために、売り渡したり、その積載物を引き渡したりしてはならない

ルール❸ 荷主への再発防止命令

警察署長 → 荷主

警察署長は、過積載車両の運転の要求に違反する行為が行われた場合に、その行為をした者が反復して違反する行為をするおそれがあると認めるときは、違反行為をした荷主に対して、違反行為をしてはならないことを命ずることができる

●過積載防止のための措置系統のまとめ

この法則が、過積載での最大のポイントです！

荷主に該当する者の範囲

本テーマでいう荷主には、実際に荷物の運搬を依頼している真荷主だけでなく、下請事業者に対する元請の貨物自動車運送事業者などの利用運送（20ページ）も含まれます。

11 運転者の遵守事項

イレギュラーにはいきなり対応できません。法的義務の遵守には準備が重要です

✓ 運行中のイレギュラーに対応するための事前準備

　運転者の遵守事項に「**させないこと・しないこと・してはならないこと**」があります。具体的には、エンジンの空ぶかし、スマホなどの「ながら運転」、シートベルト（座席ベルト）の非装着、危険な幅寄せや割り込みです。

　どれも基本的なもので、日常的にこれらを遵守していく必要があります。

　これらに対して、運行中に起きるイレギュラーなものがあり、そのなかでも特に重要なものに、**故障などの場合の措置と交通事故の場合の措置**があります。故障などの場合の措置は、自動車の運転者は、故障などで自動車を運転できなくなった場合、その自動車が故障などで停止していることを表示するというものです。表示の方法としては、**後方から進行してくる自動車の運転者が見やすい位置に停止表示器材（87ページ）を置く**ことが義務付けられています。

　交通事故の場合の措置は、次の順序で行うことが義務付けられています。
① ただちに車両の運転を**停止**
② 負傷者を**救護**
③ 道路における危険を**防止**する
④ 警察官に**報告**

　運行管理者は、このような運行中のイレギュラーに対して適切な措置がとれるようにあらかじめ運転者に指導したうえで、**イレギュラー発生時の対応マニュアルを携行させる**ことが重要です。特に交通事故の発生時には、運転者があわてたり、混乱したりすることが考えられます。ですから、事故発生現場で運転者がマニュアルを見て適切な行動をとれるように、備えておくことが求められているのです。

　また、交通事故発生時の措置を定期的に訓練しておくことも、交通事故発生時に適切な対応を取るためには有効です。

●故障などの場合の措置のポイント

● 自動車の運転者は、**本線車道・路肩・路側帯において、故障などによって自動車を運転できなくなったとき**には、自動車が故障などによって停止しているものであることを**表示**しなければならない

> **表示の方法** 後方から進行してくる自動車の運転者が見やすい位置に**停止表示器材**を置いて行うものとする
>
> **夜間** 内閣府令で定める基準に適合する夜間用停止表示器材
>
> **夜間以外** 内閣府令で定める基準に適合する昼間用停止表示器材
> （自動車の停止場所が、トンネルの中、または視界が**200メートル以下**である場所であるときは、夜間用停止表示器材を置く）

● 自動車の運転者は、故障その他の理由により本線車道などにおいて運転することができなくなったときは、速やかに当該自動車を本線車道など以外の場所に移動するため**必要な措置**を講じなければならない

●交通事故の場合の措置の手順など

交通事故が起きたら…　※ 警察官が現場にいるときは当該警察官に、警察官が現場にいないときはただちに最寄りの警察署（派出所や駐在所を含む）の警察官に報告

| 運転者はただちに車両の**運転を停止** | → | 負傷者を**救護** | → | 道路における**危険を防止** | → | 警察官に**報告** |

警察官への報告事項

- ☐ 交通事故が発生した日時、および場所
- ☐ 損壊した物、損壊の程度
- ☐ 交通事故について講じた措置
- ☐ 交通事故に係る車両などの積載物について講じた措置
- ☐ 交通事故における死傷者の数、負傷者の負傷の程度

交通事故の際に、警察官に伝えるべき内容を理解しておきましょう

 交通事故発生時の対応に関する指導も記録

物損・人身を問わず、交通事故の発生時には、警察官への報告が必要で、負傷者がいる場合には、救護義務があります。事業者には、こうした対応を必ず行うように運転者に指導することが求められています。指導した際には、その記録を必ず保存しておきましょう。

12 使用者の義務

重要度 ★★★

従業員や会社などを守るために、運行管理者として重要なルールがあります

✓ 下命・容認は厳しい処分の対象

　運行管理者を含む使用者には、守るべきさまざまなルールがあります。そのなかで、これまでにも何度か解説してきましたが、いわゆる**下命・容認**に関するルールを改めて確認しましょう。

　自動車の使用者は、運転者に対して、①無免許運転（100ページ）、②最高速度違反運転（104ページ）、③酒気帯び運転（103ページ）、④過労運転（30ページ）、⑤無資格運転（101ページ）、⑥積載の制限違反（110ページ）、⑦運転車両放置行為の違反をすることを命じたり、容認したりしてはなりません。

　運転者がこうした違反行為をした場合、公安委員会は、自動車の使用者に対し、**自動車の使用制限命令**という処分を下すことができます。これは、**6ヵ月を超えない範囲内でその違反に係る自動車を運転させてはならないと命ずることができる**ものです。

　また、下命・容認によって①～⑦の違反をした場合には、運転者だけでなく、事業者も罰する規定があります（両罰規定）。罰金・懲役などの刑事処分のほか、行政処分として、運転免許の停止や取消し、運行管理者資格の取消し、車両使用停止・事業停止、そして民事上の使用者責任を負う可能性もあるのです。

　使用者による下命・容認は、絶対にしてはならない悪質な違反行為です。自動車の運行を直接管理する地位にある者として、運行管理者も使用者にあたりますから、運行管理者は「何をしてはならないのか」「違反した場合はどのような責任を負うのか」「違反しないためには何をすればいいのか」などを意識し、業務を行う必要があります。

　また、最高速度違反行為、過積載車両、過労運転について、公安委員会が行う使用者に対する指示についても、次ページで確認しましょう。

● 自動車の使用者の義務と違反した場合のルール

自動車の使用者は、運転者に対して、次の7つの行為をすることを命じたり、運転者がこれらの行為をすることを容認したりしてはならない

❶ **無免許**運転　❷ **最高速度違反**運転　❸ **酒気帯び**運転　❹ **過労**運転
❺ **無資格**運転　❻ **積載の制限違反**運転　❼ **運転車両放置**行為

自動車の使用者などが上記の違反をし、その違反によって自動車の運転者が上記に掲げる無免許運転などの違反行為をした場合で、自動車の使用者が業務において自動車を使用する場合に、道路における交通の危険を著しく生じさせたり、著しく交通の妨害となったりするおそれがあると認めるときは、その自動車の使用の本拠地を管轄する公安委員会は、自動車の使用者に対して、6ヵ月を超えない範囲内で期間を定めてその違反に関わる自動車を運転させてはならないことを命ずることができる

● 公安委員会が行う使用者への指示の内容など

指示のパターン	場合	とき	誰が・誰に	何を
最高速度違反行為に係る指示	運転者が最高速度違反行為を車両の使用者の**業務に関して**行った場合	車両の使用者が最高速度違反行為を防止するため必要な**運行の管理**を行っていると認められないとき	**公安委員会** ↓ 車両の**使用者**	最高速度違反行為となる運転が行われることのないよう運転者に**指導**し、または**助言**すること。その他**最高速度違反行為を防止するため必要な措置**をとることを**指示**することができる
過積載車両に係る指示	過積載車両に係る措置命令がされた場合	車両の使用者が過積載を防止するため必要な**運行の管理**を行っていると認められないとき		車両を運転者に運転させる場合にあらかじめ車両の積載物の重量を確認することを運転者に**指導**し、または**助言**すること。その他車両に係る**過積載を防止するため必要な措置**をとることを**指示**することができる
過労運転に係る指示	運転者が過労により正常な運転ができないおそれがある状態で車両を運転する行為を車両の使用者の**業務に関して**行った場合	過労運転に係る車両の使用者が過労運転を防止するため必要な**運行の管理**を行っていると認められないとき		過労運転が行われることのないよう運転者に**指導**し、または**助言**すること。その他**過労運転を防止するため必要な措置**をとることを**指示**することができる

知らなかったでは済まされない

運行管理者は、下命・容認が悪質な違反行為であることを認識する必要があります。誤解をおそれずに言うなら、運行管理の業務上「知らないことは罪」です。

13 信号・合図

重要度 ★★☆

信号では、「赤色の灯火」に注目。合図では、行う際の「数字」を覚えましょう

✓ 合図を行うケースとタイミング

　車両の運転者は、左折・右折をはじめ、転回・徐行・停止・後退するときや同じ方向に進行しながら進路を変えるときには、方向指示器（ウインカー）や灯火（ブレーキランプなど）によって左折などをすることの**合図**をしなければなりません。この**合図は手を使ったものでもOKで、また、左折などが終わるまで継続する必要**があります。

　それぞれの合図を行うケースとタイミングを押さえておきましょう。

　左折の場合、合図するタイミングは、左折しようとする地点から**30メートル手前の地点**に達したときです。

　同一方向に進行しながら左方に変更する場合は、変更しようとするときの**3秒前**で、徐行・停止・後退の場合は、それらを**行おうとするとき**になります。このように合図のタイミングは、次の3つに分かれます。

① その行為をしようとする地点から**30メートル手前の地点**に達したとき
② その行為をしようとするときの**3秒前**
③ その行為を**しようとするとき**

　また、信号にもさまざまな種類があり、それぞれに応じた意味があります。

　たとえば、**赤色の灯火は、停止位置を越えて進行してはいけませんが、交差点においてすでに右折している車両などは、そのまま進行できます**。

　ただし、青色の灯火により進行できる車両などの進行を妨害してはなりません。すでに右折している車両が優先して進行できるわけではないのです。

　ほかにも信号には、青色・黄色の灯火、青色・黄色の灯火の矢印、黄色・赤色の灯火の点滅などがあります。それぞれの種類と意味について、次ページの表で確認しましょう。

● 左折・右折などの合図を行うケースとタイミング

合図を行うケース	タイミング
左折・右折・転回	その行為をしようとする地点（交差点で左折・右折をする場合は、当該交差点の手前の側端）から**30メートル**手前の地点に達したとき
同一方向に進行しながら**左方・右方**に変更	その行為をしようとするときの**3秒前**
徐行・停止・後退	その行為をしようとするとき

● 信号の種類と意味

種類	意味
青色の灯火	● 自動車、原動機付自転車、トロリーバス、路面電車は、直進・左折・右折ができる ● 多通行帯道路等通行原動機付自転車※、軽車両は直進・左折ができる（右折しようとして右折地点まで直進し、右折することを含む。ただし、下記の「青色の灯火の矢印」の内容を除く）
黄色の灯火	● 車両、路面電車は、停止位置を越えて進行してはならない。ただし、黄色の灯火の信号が表示されたときに、停止位置に近接しているために安全に停止できない場合を除く
赤色の灯火	● 車両などは、停止位置を越えて進行してはならない ● 交差点で、すでに左折している車両などは、そのまま進行できる ● 交差点で、すでに右折している車両など（多通行帯道路等通行原動機付自転車、軽車両を除く）は、そのまま進行できる。この場合に、当該車両などは、青色の灯火によって進行できる車両などの**進行妨害**をしてはならない ● 交差点で、すでに右折している多通行帯道路等通行原動機付自転車、軽車両は、その右折地点で停止しなければならない
青色の灯火の矢印	● 車両は、黄色や赤色の灯火の信号にかかわらず、矢印の方向に進行できる。この場合に、交差点で右折する多通行帯道路等通行原動機付自転車、軽車両については、直進するものとみなす
黄色の灯火の矢印	● 路面電車は、黄色や赤色の灯火の信号にかかわらず、矢印の方向に進行できる
黄色の灯火の点滅	● 歩行者、車両などは、ほかの交通に注意して進行できる
赤色の灯火の点滅	● 車両などは、停止位置で一時停止しなければならない

※いわゆる2段階右折をしなければならない原動機付自転車

14 通行区分・優先

重要度

「通行区分」の原則と例外、歩行者などの「優先」における除外のケースを学びましょう

✓ 優先のパターンと除外

　車両は原則、道路の中央から左側の部分を通行しなければなりません。ただしこれにも例外があり、特定の要件を満たした場合に、道路の中央から右側の部分に車両の全部や一部をはみ出して通行することができます。

　原則と例外、例外を適用させる要件については、次ページにまとめていますので、確認しましょう。

　また、優先には次の3つのケースがあります。
①**緊急自動車**の優先
②横断歩道などでの**歩行者など**の優先
③横断歩道のない交差点での**歩行者**の優先

　これらの内容も次ページで確認しましょう。

　このなかで②には、横断歩道などにおいて車両は、**横断歩道（その手前の側端を含む）から前30メートル以内の道路の部分では、前方を進行しているほかの車両などの側方を通過して、その前方に出てはならない**、というルールがあります。

　ただし、このケースでの前方を進行している車両には、**特定小型原動機付自転車等は除外**されます。これが大事なポイントです。

　特定小型原動機付自転車とは、いわゆる電動キックボードです。そして、これに「等」がつくと、電動キックボードに**軽車両**が含まれます。

　ですから、前方を進行しているほかの車両などの側方を通過して前方に出てはいけないというルールからは、**電動キックボードと軽車両は除外**されます。逆の考え方をすると、前方を進行している電動キックボードと軽車両については、側方を通過して、その前方に出ることができる、ということになります。

● 通行区分における原則と例外

原則	車両は、道路の中央から左側の部分を通行しなければならない
要件	● 道路が一方通行となっているとき ● 道路の左側部分の幅員が、その車両の通行のために十分なものでないとき ● 車両が道路の損壊や道路工事などのために道路の左側部分を通行できないとき ● 道路の左側部分の幅員が6メートルに満たない道路において、ほかの車両を追い越そうとするとき ● 勾配の急な道路のまがりかど附近で、道路標識などにより通行の方法が指定されている場合に、その指定に従って通行するとき
例外	車両は、上記の場合に、道路の中央から右側の部分にその全部や一部をはみ出して通行することができる

●「優先」に関する大事なルール

緊急自動車の優先	● 交差点やその附近において緊急自動車が接近してきたときは、緊急自動車を除く車両は、交差点を避けて、かつ道路の左側に寄って一時停止しなければならない（一方通行の道路では、その左側に寄ることが緊急自動車の通行を妨げる場合に、道路の右側）
横断歩道などでの歩行者などの優先	● 車両などは、横断歩道などに接近する場合には、その横断歩道などを横断しようとする歩行者などがないことが明らかな場合を除き、横断歩道などの直前（道路標識などによる停止線があるときは停止線の直前）で停止できるような速度で進行しなければならない ● この場合に、横断歩道などで進路の前方を横断する歩行者などがあるときには、横断歩道などの直前で一時停止し、その通行を妨げないようにしなければならない ● 車両などは、横断歩道などで停止している車両などがある場合に、その停止車両などの側方を通過して前方に出ようとするときは、前方に出る前に一時停止しなければならない ● 車両などは、横断歩道およびその手前の側端から前に30メートル以内の道路の部分では、前方を進行しているほかの車両など（特定小型原動機付自転車等を除く）の側方を通過して、その前方に出てはならない
横断歩道のない交差点での歩行者の優先	● 車両などは、交差点や、その直近で横断歩道の設けられていない場所で歩行者が道路を横断しているときは、歩行者の通行を妨げてはならない

「除外」におけるチェックポイント

「○○を除く」という表現の場合は、そのルールから何を除外するか、除外した後に何が対象となるのかを理解しましょう。

15 徐行・一時停止

重要度 ★★☆

「徐行」と「一時停止」では、必要とされる場所などが違います。区別して覚えましょう

✓ 徐行と一時停止のパターン

徐行とは、車両などがただちに停止できるような速度で進むことをいいます。

たとえば坂道において、上り坂の頂上附近は見通しが悪いことが多く、また、勾配(こうばい)の急な下り坂はスピードが出すぎてしまいがちです。そのため、これらの場所は、安全のために徐行しなければなりません。

ただし、勾配の急な上り坂は、**徐行が不要**です。上りも下りも、坂道すべてが徐行する場所ではないことを、押さえておきましょう。

また、**一時停止とは、文字通り一時的に停止すること**をいい、次の3つのパターンがあります。

①道路標識などにより停止線が設けられている場合は、その**停止線の直前**で一時停止
②道路標識などによる停止線が設けられていない場合は、**交差点の直前**で一時停止
③横断歩道を歩行者が横断するなど、①や②以外の場合は**安全に**一時停止

徐行しなければならない場合と一時停止しなければならない場合は異なり、区別して覚える必要があります。次ページで確認しましょう。

そして、徐行と一時停止を区別したうえで、通行方法には次の3つの遵守事項があります。

①一時停止や徐行をして、障害者などの通行・歩行を妨げないようにしなければならない
②徐行して安全を確認する
③徐行

まず、徐行の定義を押さえ、一時停止との区別をし、通行方法の遵守事項について、徐行と一時停止とを整理するとスムーズに覚えやすいです。

●「徐行」に関するルール

徐行をしなければならないのは……

- 道路標識などにより徐行すべきことが指定されている場合
- 左右の見とおしがきかない交差点
- 歩行者の側方を通過するとき ● 環状交差点に入ろうとするとき
- 道路のまがりかど附近 ● 上り坂の頂上附近 ● 勾配の急な下り坂
- 交通整理の行われていない交差点に入ろうとする場合で、交差道路が優先道路であるとき、またはその通行している道路の幅員よりも交差道路の幅員が明らかに広いものであるとき

●「一時停止」の大事なルール

一時停止のタイミング

道路標識などにより停止線が設けられている場合
→ 道路標識などによる**停止線の直前**で一時停止

道路標識などによる停止線が設けられていない場合
→ **交差点の直前**で一時停止

この場合は一時停止が必要！
- 横断歩道を横断、または横断しようとする歩行者などがいるとき
- 横断歩道の直前で、停止している車両の側方を通過してその前方に出ようとするとき
- 緊急自動車が接近してきたとき
- 道路外の施設、または場所に出入するために歩道などを通行するとき

●「通行方法」の３つの遵守事項

どんなとき？

通行方法①
一時停止、または徐行して、その通行または歩行を妨げないようにしなければならない
- 身体障害者用の**車**が通行しているとき
- **耳が聞こえない者、目が見えない者、身体に障害のある者**がつえを携えて通行しているとき
- 目が見えない者が**盲導犬**を連れて通行しているとき
- **監護者が付き添わない児童・幼児**が歩行しているとき
- **高齢の歩行者**が通行しているとき …など

通行方法②
徐行して安全を確認する
- 児童・幼児などの乗降のために**停車**している**通学・通園バス**の側方を通過するとき …など

通行方法③
徐行
- 道路の左側部分に設けられた安全地帯の側方を通過する場合で、その**安全地帯に歩行者**がいるとき
- **ぬかるみ、水たまり**を通行するとき …など

16 車両通行帯

重要度 ★★☆

貨物の安全な輸送のために、車両通行帯の原則と例外を押さえておきましょう

✓ 運転に際して路線バスなどは優先する

　道路を走行する際に車両は、**車両通行帯が設けられた道路では、道路の左側端から数えて１番目の車両通行帯を通行しなければなりません**。ただしこの原則にも、特定の要件を満たした場合に認められる例外があります。

　具体的には、道路の左側部分に**３以上の車両通行帯**が設けられているときには、例外として、政令で定める速度に応じてもっとも右側の車両通行帯以外の車両通行帯（車両通行帯が３の場合＝左から１・２番目）を通行することができます。原則・例外を適用させる要件・その要件を満たした場合の例外の３つを押さえておきましょう。

　車両通行帯に関連して、**路線バス等優先通行帯**というものもあり、これにもルールがあります。

　文字通り、**路線バス等優先通行帯では、路線バスなどの通行を優先する必要**があります。そのため、優先通行帯を通行している車両は、後方から路線バスが接近してきたときには、路線バスの正常な運行に支障を及ぼさないように、**速やかに優先通行帯の外に出なければなりません**。

　また、道路が渋滞していて、路線バスなどが後方から接近してきた場合に優先通行帯から出られなくなるおそれがあるときには、そもそも**優先通行帯を通行してはならない**ことになっています。

　ほかにもバスなどを保護するルールがあります。

　たとえば、停留所で乗客の乗降のために停車していた路線バスなどが、発進するために進路を変更しようとして方向指示器などで合図をした場合には、路線バスの後方の車両は、速度や方向の急な変更を要する場合を除いて、路線バスなどの進路の変更を妨げてはなりません。**踏切の通過**のルールについても次ページでまとめましたので、あわせて確認しましょう。

●車両通行帯の原則と例外など

原則	車両は、車両通行帯の設けられた道路においては、道路の左側端から数えて1番目の車両通行帯を通行しなければならない
要件	道路の左側部分に3以上の車両通行帯が設けられているとき
例外	その速度に応じ、そのもっとも右側の車両通行帯以外の車両通行帯を通行することができる

路線バスの優先通行帯では…

- 後方から路線バスが接近してきたときは、路線バスの正常な運行に支障を及ぼさないように、速やかに路線バスの優先通行帯の外に出なければならない
- 自動車は路線バスなどが後方から接近してきた場合で、その道路の交通混雑のために、路線バスの優先通行帯から出ることができないこととなるときには、路線バスの優先通行帯を通行してはならない

●「乗合自動車の発進の保護」と「踏切の通過」のルール

- 停留所において、乗客の乗降のため停車していた乗合自動車が、発進するために進路を変更しようとして、手や方向指示器によって合図をした場合、乗合自動車の後方の車両は、その進路の変更を妨げてはならない
- ただし、上記の場合でも、車両の速度や方向を急に変更しなければならないこととなる場合は除く
- 車両などは、踏切を通過しようとするときは、踏切の直前（道路標識などによる停止線が設けられているときは、停止線の直前）で停止し、安全であることを確認した後でなければ進行してはならない
- ただし、上記の場合でも、信号機の表示に従うときは、停止せずに進行できる
- 車両などは、踏切の遮断機が閉じようとしていたり、閉じていたり、または踏切の警報機が警報している間は、踏切に入ってはならない
- 故障などにより、踏切で車両などを運転できなくなったときは、ただちに非常信号を行うなどして、踏切に停止車両があることを鉄道の係員や警察官などに知らせるための措置、車両などを踏切以外の場所に移動するために必要な措置を講じなければならない

乗合自動車などの定義

上表などにある「路線バスなど」とは、路線バスやスクールバスをいいます。また、「乗合自動車」とは、路線バスや乗合タクシーをイメージしましょう。

17 追越し

重要度 ★★☆

追越しの原則に加えて、禁止・可能の条件も整理しておきましょう

✓ 追越しは前の車両の右側から行うのが原則

　車両がほかの車両を追い越そうとするときには、追い越されようとする車両の右側を通行しなければなりません。これが原則ですが、追越しにも例外があります。

　「追い越そうとする前の車両が道路の中央や右側の端に寄って通行しているとき」という要件を満たした場合は、例外として、「左側を通行しなければならない」という、原則とは別の効果を発生させることができます。「原則」「例外を適用させる要件」「要件を満たした場合に、例外として発生させる効果」をしっかり覚えておきましょう。

✓ 条件がそろえば、追越し可能な場合や場所もある

　道路標識などにより追越しが禁止されている道路では、車両は前の車両を追い越すために進路を変更したり、前の車両の側方を通過したりしてはなりません。ただしこのルールでは、**追い越される車両からは特定小型原動機付自転車（電動キックボード）と軽車両は除かれます**。つまり、前方を進行している電動キックボードと軽車両は、追い越すことができるのです。この点もしっかり頭に入れておきましょう。

　なお、120ページでも解説しましたが、特定小型原動機付自転車と軽車両をあわせて**特定小型原動機付自転車等**といいます。

　また、トンネルでの追越しについては、次の2つを覚えておきましょう。
①車両通行帯が設けられていない道路の部分⇒追越し禁止
②車両通行帯が設けられている道路の部分　⇒追越し可能
　次ページに表でまとめていますので、区別しましょう。

●「追越しの方法」の原則と例外

原則	ほかの車両を追い越そうとするときは、追い越されようとする車両の**右側**を通行しなければならない
要件	前車が道路の中央、または右側に寄って通行しているとき
例外	**左側**を通行しなければならない

追越しの際は、追い越す車との間に安全な間隔を保つ必要があります

●「追越し禁止」に関するルール

禁止する場合

前車がほかの自動車、またはトロリーバスを追い越そうとしているときは、後車は、追越しをはじめてはならない

禁止する場所

道路標識などにより追越しが禁止されている道路の部分、および以下の道路の部分では、車両はほかの車両（特定小型原動機付自転車等を除く）を追い越すために、進路を変更したり、前車の側方を通過したりしてはならない

- ● 道路のまがりかど附近　● 上り坂の頂上附近　● 勾配の急な下り坂　● **トンネル**
- ● 交差点、踏切、横断歩道、自転車横断帯、およびこれらの手前の側端から前に **30メートル**以内の部分

●追越しが「禁止」「可能」の条件とは？

	相手車両	トンネル	交差点※
追越し禁止	自動車 一般原動機付自転車 トロリーバス	車両通行帯が設けられていない道路の部分	原則禁止
追越し可能	特定小型原動機付自転車等（特定小型原動機付自転車及び軽車両）	車両通行帯が設けられている道路の部分	優先道路を通行している場合は、可能

※手前の側端から前に30メートル以内の部分

一般原動機付自転車は軽車両に含まれません

 追い越される場合の注意点とは？

追越しをする車両だけでなく、追越しをされる車両にもルールがあります。ほかの車両に追いつかれたときは、追いついてきた車両が自分の車両を追い越すまで速度を上げてはなりません。速度が上がれば追越しまで時間がかかり、危険が生じる可能性があるためです。

18 駐停車

停車や駐車が禁止されている場所や、何メートル以内がNGかの数字を確認しましょう

✔ 駐停車禁止の場所と駐車禁止の場所の違い

停車と駐車の違いを大きく分けると、次の通りです。
・運転者が車両などを離れてただちに運転することができない状態⇒**駐車**
・駐車以外のもの⇒**停車**

停車と駐車の禁止については、次の2つに区別されます。
①停車と駐車の**両方が禁止**されている場所
②**駐車だけが禁止**されている場所

　①については、道路標識などによって禁止されている場所のほか、交差点、横断歩道、自転車横断帯、踏切、軌道敷内、坂の頂上附近、勾配の急な坂、トンネルがあげられ、さらに、「**5メートル以内**で禁止の場所」と「**10メートル以内**で禁止の場所」があります。

　②については、道路標識などによって禁止されている場所のほか、「**1メートル以内**で禁止の場所」「**3メートル以内**で禁止の場所」「**3.5メートル以内**で禁止の場所」「**5メートル以内**で禁止の場所」と細かく4つ設けられています。

　詳しくは次ページにまとめていますので、確認しましょう。このなかで、3.5メートル以内で禁止の場所については、「**車両の右側の道路上に3.5メートル以上の余地がない場所**」と定められています。これは、このような場所で駐車すると、ほかの車両が自分の車両の右側を通過できず、塞き止めてしまう可能性があるためです。

　また、「**傷病者を救護するなどのやむを得ないときなどは、この限りではない**」という表現があります。「この限りではない」とは、例外として、このルールから除外するということです。

　そのため、車両の右側の道路上に3.5メートル以上の余地がない場所に駐車する場合でも、傷病者を救護する場合には、駐車禁止にはあたりません。

●「停車」と「駐車」が禁止されている場所とは？

- 道路標識などによって禁止されている場所
- 交差点、横断歩道、自転車横断帯、踏切、軌道敷内、坂の頂上附近、勾配の急な坂、トンネル

5メートル以内で禁止の場所

- 交差点の側端、または道路のまがりかどから5メートル以内の部分
- 横断歩道、または自転車横断帯の前後の側端から
  それぞれ前後に5メートル以内の部分

10メートル以内で禁止の場所

- 安全地帯が設けられている道路の当該安全地帯の左側の部分、
  および当該部分の前後の側端からそれぞれ前後に10メートル以内の部分
- 乗合自動車の停留所、またはトロリーバスや路面電車の停留場を表示する
  標示柱または標示板が設けられている位置から10メートル以内の部分
- 踏切の前後の側端からそれぞれ前後に10メートル以内の部分

●「駐車」が禁止されている場所

- 道路標識などによって禁止されている場所

1メートル以内で禁止の場所

- 火災報知機から1メートル以内の部分

3メートル以内で禁止の場所

- 人の乗降、貨物の積卸し、駐車、または自動車の格納もしくは修理のために、道路外に設けられた施設、または場所の道路に接する自動車用の出入口から3メートル以内の部分

3.5メートル以内で禁止の場所

- 車両の右側の道路上に3.5メートル以上の余地がない場所

  ※ただし、貨物の積卸しを行う場合で、運転者がその車両を離れないときや、運転者がその車両を離れたがただちに運転に従事することができる状態にあるとき、または傷病者の救護のためやむを得ないときは、この限りでない

5メートル以内で禁止の場所

- 道路工事が行われている場合における、当該工事区域の側端から5メートル以内の部分
- 消防用機械器具の置場もしくは消防用防火水槽の側端、またはこれらの道路に接する出入口から5メートル以内の部分
- 消火栓、指定消防水利の標識が設けられている位置、または消防用防火水槽の吸水口や吸管投入孔から5メートル以内の部分

実務経験による資格取得と補助者の選任

　運行管理者資格者証の取得には、運行管理者試験で合格することのほかに、実務の経験による取得があります。これには、**運行の管理に関して5年以上の実務の経験と、その間に運行の管理に関する講習を5回以上受講（少なくとも1回は基礎講習）していること**という要件があります。

　講習だけで取得できると誤認されやすいのですが、**必ず実務の経験が必要**です。実務の経験とは、補助者として実際に運行管理業務に携わった経験をいい、「運行管理に関する実務経験証明書」によって、事業者が証明します。もしも実務経験が、複数の事業者にわたって合算で5年以上となる場合には、それぞれの事業者からの実務経験証明書が必要です。

　補助者の選任には、届出は不要です。とはいえ、事業者にいつから選任されたかを明らかにするために書面や記録を残しておくことや、事業場内の運行管理体制図などによって補助者の氏名を掲示しておくことが推奨されます。

　そして、補助者を選任する場合には、**事業者はその職務と選任方法などについて、運行管理規程に明記しておく必要**があります。また、補助者に対して指導および監督を行うことが義務付けられていますので、法令や運行管理規程などの指導を行い、その指導教育についても記録をすることが求められています。

　49ページにも記載しましたが、貸切バスの運行管理者については、実務経験による資格者証取得の制度が廃止されました。貨物の運行管理者についても、実務経験に関係なく、運行管理者試験の合格によってのみ、資格者証が取得できるという未来がくるかもしれません。

第 4 章

労働基準法関係

> 本章では、主に労働基準法を学習します。ルールを守らないことでトラブルになる可能性が高いので、「働く人を守るためのルール」という大前提で、「何をしなければならないか」を重点的に押さえましょう。

第4章 MAP

本章では「労働基準法関係」の必修ポイントを学習！
MAPを見て全体像をつかもう

1 労働基準法のキホン

労働条件の原則や定義などの基本的な内容を学びます。ポイントを押さえて次の必修テーマへGo！

2～3 労働契約の開始と終了

働く人の雇用を守るルールを学びます。労働契約は合意ではじまり、解雇には、解雇ができない期間があります

4～5 労働時間のルール

労働時間や休憩・休日など、働く人にとってよりよい条件や環境を与えることについて理解を深めましょう

6〜7 健康管理

健康診断をはじめ、働く人の健康と安全を守るためのルールを学びます。実務でも大事な内容です

8 運転者の労働時間等の改善基準とは？

運転者の労働環境をよりよくするための「改善基準告示」について、目的や用語などの基本的なポイントを速習！

9〜15 改善基準告示の具体的なルール

運行管理者だけでなく運転者にも大事な、拘束時間や休息期間、連続運転時間などの日々の運行に関するルールを解説します

各テーマのポイントをつかんだら次ページからの本編へGo！▶▶▶

01 労働条件の原則

重要度 ★★☆

労働者とは誰のことか、人たるに値する生活とはどんなものかを押さえておきましょう

✓ 法律で定められる基準は最低限のもの

　労働基準法の第一条（原則）には、「労働条件は、労働者が人たるに値する生活を営むための必要を充たすべきものでなければならない」とあり、これは、**人間としての「健康で文化的な生活」を送るための最低限の基準を充たす必要がある**ことを示しています。

　そして、労働基準法で定める労働条件の基準は、**最低限**のものですから、使用者などは、この基準を理由に**労働者の労働条件を低下させてはならない**ことはもちろん、その向上を図るように努めなければなりません。

　また、本章では、労働基準法などに基づき、主に労働者を守るためのルールを学習します。では、**労働者**とは誰のことを指すでしょうか。

　それは、**職業の種類を問わず事業に使用される者であり、賃金を支払われる者**です。そして、**使用者**とは、**事業主、事業の経営担当者に加えて、事業主のために労働者に関する事項について業務を行う者**を指します。

　この後の学習にも関係してきますので、まずはこの違いをしっかりと把握しておきましょう。ほかにも押さえておくべき労働基準法の定義については、次ページの表で確認しましょう。

　また、使用者には労働者に対する**義務**があります。

　たとえば、使用者は、**労働者の国籍、信条、社会的身分を理由として、賃金や労働時間などの労働条件について差別的取扱いをしてはならない**こと、**労働者が女性であることを理由に、賃金について男性と差別的取扱いをしてはならない**ことが、代表的なものです。

　これには、不利な扱いだけでなく、有利な扱いも含まれますが、女性であることを理由とする取扱いについては、賃金のみが対象です。労働条件は含まれません。

● 労働基準法での基本用語と定義

労働者	職業の種類を問わず、**事業に使用される者**で、**賃金を支払われる者**
使用者	事業主、または事業の経営担当者、その他その事業の労働者に関する事項について**事業主のために行為をするすべての者**
賃金	賃金、給料、手当、賞与など、**労働の対償**として使用者が**労働者**に支払うすべてのもの
平均賃金	算定すべき事由の発生した日以前の**3ヵ月間**に、その労働者に対して支払われた賃金の総額を、その期間の**総日数**で割った金額

● 労働者に対する使用者の義務

均等待遇	労働者の国籍、信条、社会的身分を理由として、賃金や労働時間などの労働条件について**差別的取扱い**をしてはならない
男女同一賃金の原則	労働者が女性であることを理由に、賃金について男性と**差別的取扱い**をしてはならない
強制労働の禁止	暴行、脅迫、監禁、精神・身体の自由を不当に拘束する手段で、労働者の意思に反して労働を強制してはならない
中間搾取の排除	何人も、法律に基づいて許される場合を除き、業として他人の就業に介入して利益を得てはならない
公民権行使の保障	労働者が労働時間中に、**選挙権**や公民権を行使したり、公の職務の執行のために必要な時間を**請求**したりした場合、拒んではならない

使用者には義務だけでなく自由もある

使用者には義務がある一方で、自分の会社にあった条件で労働者の雇入れができるなどの自由もあります。そのため、たとえば特定の思想・信条を有する者を雇わなかったとしても、それがただちに違法にはなりません。この義務は、雇入れ後の労働者に対するものであって、雇入れに対するものではありません。採用選考段階では、まだ労働者ではないので、義務の対象からは外れるのです。

02 労働契約

労働条件の明示→当事者間の合意→労働契約締結の流れをしっかりとつかみましょう

✓ 基準に満たない労働契約は無効

労働契約は、労働力を提供してもらい、その対価として賃金を支払うという契約です。使用者と労働者の**合意**によって成立しますが、これにもさまざまなルールがあります。

まず、使用者は、**労働契約の締結の際に労働条件を明示しなければなりません**。ただし、必ず書面を交付して明示しなければならないものと、そうでないものがあり、前者については以下の6つです。

① 労働契約の**期間**
② 期間の定めのある労働契約を**更新**する場合の**基準**
③ 就業の**場所**、従業すべき**業務**(変更の範囲を含む)
④ **始業・終業**の時刻、所定労働時間を超える労働の**有無**、**休憩時間**、**休日**等
⑤ **賃金**の決定、**支払い方法**等
⑥ **退職**に関する事項(解雇の事由を含む)

これらについては、**書面を交付して明示する必要があります**。

そして、使用者から明示された労働条件が事実と違った場合には、労働者は、**即時に労働契約を解除できます**。使用者に対して、事前に予告する必要はありません。

ほかにも、**賠償予定の禁止**のルールもあります。使用者は、**労働契約の不履行について違約金を定めたり、損害賠償額を予定したりする契約をしてはならない**、というものです。覚えておきましょう。

最後に、労働契約での最大のポイントは、**労働基準法で定める基準に達しない労働条件を定める労働契約は、その部分については無効**となる点です。そのため、仮に法律に違反する労働契約を締結したとしても、法律上はなんの効力もありません。

●労働条件の明示に関するポイント

書面を交付して明示するもの
（労働者が希望した場合はFAX、電子メール、SNSなどでも可）

- 労働契約の期間
- 期間の定めのある労働契約を更新する場合の基準
- 就業の場所、従業すべき業務（変更の範囲を含む）
- 始業・終業の時刻、所定労働時間を超える労働の有無、休憩時間、休日、休暇
- 賃金（退職手当、臨時に支払われる賃金等を除く）の決定、計算、支払いの方法、賃金の締切り、支払いの時期
- 退職に関する事項（解雇の事由を含む）

●「賠償」に関する大事なルール

賠償予定の禁止
労働契約の不履行について**違約金**を定めたり、**損害賠償額**を予定したりする契約をしてはならない

違反したら！
労働基準法で定める基準に達しない労働条件を定める労働契約は、その部分については無効となる。この場合に、無効となった部分は、労働基準法で定める基準による

> 労働に関しても、さまざまなルールがあり、試験でも問われることがあります。1つひとつ理解しましょう

💡 トラブル防止のために書面の交付を推奨

労働契約は、契約の要件として書面の交付までは求められていません。ですが、労働契約の内容について「できる限り書面で確認すること」というルールがあります。認識のズレやトラブルを防ぐために、書面で確認することが推奨されているのです。

03 解雇

重要度 ★★★

解雇に関する制限・無効・予告、予告手当の支払いのポイントを押さえましょう

✓ 解雇してはならない期間がある

解雇は、使用者からの労働契約の解約のことで、これにもルールがあります。その1つが解雇制限で、下記の通りに解雇してはならない期間があります。この期間に解雇することは、労働者にとって酷であるためです。

①労働者が業務上で負傷したり疾病にかかったりして、療養のために休業する期間とその後30日間

②産前産後の女性が休業する期間（産前6週間（多胎の場合は14週間）、産後8週間）とその後30日間

ただし、天災事変などのやむを得ない事由（行政官庁の認定が必要）で事業の継続が不可能になったなどの場合には、例外として解雇できます。

また、解雇そのものが無効になる解雇の無効もあります。

客観的に合理的な理由を欠き、社会通念上、相当であると認められない場合には、解雇の権利を濫用したものとして、解雇は無効となります。つまり、解雇するには、それ相応の理由が必要だということです。

そして、使用者が労働者を解雇しようとする場合には、少なくとも30日前にその予告をする必要があります。これを解雇予告といい、仮に、30日前に予告をしない場合は、予告手当の支払いとして、30日分以上の平均賃金を支払わなければなりません。

ただし、労働者の責に帰すべき事由（労働者が責められるべき理由や落ち度、過失）に基づいて解雇する場合は、行政官庁の認定を受ければ解雇予告や予告手当の支払いを要することなく解雇できます。

たとえば、盗み、横領、傷害などの刑法犯に該当する行為や、正当な理由なく2週間以上無断欠勤し、出勤の督促に応じない場合などがこれにあたります。

● 解雇制限と例外

解雇制限
- 労働者が**業務上負傷**したり疾病にかかったりして、療養のために休業する期間とその後**30日間**
- **産前産後**の女性が休業する期間（産前**6週間**（**多胎の場合は14週間**）、産後**8週間**）とその後**30日間**

例外
ただし、使用者が、打切補償を支払う場合、または天災事変その他やむを得ない事由のために事業の継続が不可能となった場合においては、この限りでない

解雇は、使用者からの労働契約の一方的解約です。労働者の承諾は要件ではありません

● 解雇の予告と例外

解雇の予告【原則】
- 使用者は、労働者を解雇しようとする場合においては、少なくとも**30日前**にその**予告**をしなければならない
- 30日前に予告をしない使用者は、**30日分**以上の**平均賃金**を支払わなければならない
- 予告の日数は、1日について平均賃金を支払った場合においては、その日数を短縮することができる

例外
- 天災事変などのやむを得ない事由（行政官庁の認定が必要）で事業の継続が不可能になったなどの場合　→例外的に解雇可能
- ただし、以下の労働者には適用しない
日々雇い入れられる者／**2ヵ月**以内の期間を定めて使用される者／季節的業務に**4ヵ月**以内の期間を定めて使用される者／試の使用期間中の者

 解雇予告の日数は短縮することも可能

労働者を解雇する場合には、解雇予告が必要で、30日前に予告しない場合は、予告手当の支払いが必要になります。この場合、仮に20日前に解雇予告をした場合は、10日分の予告手当の支払いをすればOKです。解雇予告の日数は、1日分の平均賃金を支払った場合にその分だけ日数を短縮できます。

04 労働時間・休憩・休日

労働時間・休憩・休日の意味を理解し、時間外労働や休日労働ができる場合を学びます

✓ 1週間で40時間、1日8時間が原則

　労働時間のルールとして使用者は、**労働者に、1週間に40時間を超えて労働をさせてはならず、1週間の各日については、1日8時間を超えて労働させてはならない**、と定められています（いずれも休憩時間を除く）。月曜日から金曜日までの1日8時間労働のイメージです。

　休憩時間についてもルールがあります。使用者は、労働時間が**6時間を超える**場合には少なくとも**45分**、**8時間を超える**場合には少なくとも**1時間**の休憩時間を労働時間の途中に与えなければなりません。労働時間が6時間を超える場合と8時間を超える場合とで、与えるべき休憩時間が異なる点がポイントです。

　休日については、使用者は労働者に、**毎週少なくとも1回の休日を与えなければならない**と定められています。ただし、4週間を通じて4日以上の休日を与える場合は、適用されません。

　このように、労働時間や休日にもさまざまなルールが定められていますが、時間外労働や休日労働ができる可能性については言及されていません。

　時間外労働や休日労働をさせるには、特定の要件を満たす必要があります。**労働者の過半数で組織する労働組合がある場合は、その労働組合、それがない場合は、労働者の過半数を代表する者と書面による協定（36協定）を結び、行政官庁に届出**をします。この場合に、労働時間を延長したり、休日に労働させたりすることができるのです。

　原則は、「1日8時間を超えて労働させてはならない」ですが、「書面による協定＆行政官庁への届出」という要件を満たした場合に、「時間外労働や休日労働ができる」という別の効果が発生するのです。また、**時間外労働や休日労働では、割増賃金を支払わなければならない**こともポイントです。

●「労働時間」に関するルール

労働時間	1日	1週間
	8時間まで（休憩時間を除く）	40時間まで（休憩時間を除く）

休憩時間	労働時間が6時間を超える場合	労働時間が8時間を超える場合
	少なくとも45分	少なくとも1時間

休日	原則	例外
	毎週少なくとも1回	4週間を通じ4日以上

●「時間外＆休日の労働」が可能なケース

使用者 → 書面による協定 ← 労働組合（労働者の過半数で組織する労働組合がある場合）or 労働者の過半数を代表する者（労働者の過半数で組織する労働組合がない場合）

書面を行政官庁に届け出ると……

労働時間を延長し、または休日に労働させることができる

- 健康上、特に有害な業務の労働時間延長は、1日について**2時間**を超えてはならない
- 協定は、見やすい場所への掲示や備え付け、または書面交付により、**周知**しなければならない

●「時間外＆休日の労働」の割増料金の違い

時間外 深夜（午後10時から午前5時）	休日（法定休日）	1ヵ月について60時間を超えた場合
通常の労働時間、または労働日の賃金の計算額の**2割5分以上**の範囲内で計算した割増賃金	通常の労働時間、または労働日の賃金の計算額の**3割5分以上**の範囲内で計算した割増賃金	通常の労働時間の賃金の計算額の**5割以上**の率で計算した割増賃金

💡 昼休憩も適切に与えないとトラブルが発生

労働時間は「使用者の指揮命令下にある時間」です。そのため、強制参加の研修や昼休みの電話・来客対応の当番も労働時間になります。昼休みの電話対応などは「対応により昼休み時間を適切に与えていない」「対応時間を労働時間に換算すると1日8時間の枠を超えて時間外労働が発生しているのに、その分の割増賃金を支払っていない」などのトラブル発生のおそれがあります。要注意です。

05 就業規則

就業規則の作成・変更・届出のプロセスを学びます。
労働者に不利益な変更はNGです

✓ 法令や労働協約に反する就業規則はNG

　就業規則は、賃金や時間などを定めた事業場ごとのルールです。以下の6つを重点的に覚えていきましょう。
①就業規則とは何か
②どんな事業者が就業規則を作成しなければならないか
③記載すべき事項は何か
④どんな方法で労働者に周知しなければならないか
⑤変更する場合にはどんな方法が必要か
⑥法令などに反するものの場合は、どのような措置がとられるか

　まず、**常時10人以上の労働者を使用する使用者は、就業規則を作成し、行政官庁に届出**をしなければなりません。記載すべき事項は、次ページで確認しましょう。また、**書面を交付すること、各作業場の見やすい場所に常時掲示したり備え付けたりするなどの方法で労働者に周知する必要があること**も押さえておきましょう。

　就業規則の**作成**や**変更**にもルールがあります。

　使用者は、事業場に労働者の過半数で組織する労働組合がある場合はその労働組合、それがない場合は、労働者の過半数を代表する者の意見を聴かなければなりません。あくまでも**意見を聴く**だけで、**同意は不要**なことがポイントです。また、**就業規則を変更する場合には、労働者が不利益となる労働条件の変更はNG**なことも覚えておきましょう。

　そして就業規則は、法令やその事業場の労働協約に反してはならないとされています。万が一これらに抵触した場合、**行政長官は就業規則の変更を命ずることができます**。事業場独自の「不合理な謎ルール」が作られることを抑制するイメージです。

● 就業規則の作成・変更の手順

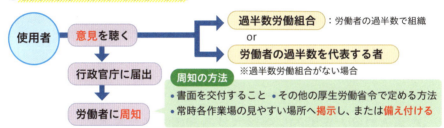

● 就業規則に記載すべき事項

絶対的記載事項（必ず記載しなければならないもの）

- □ 始業・終業の時刻、休憩時間、休日、休暇、労働者を2組以上に分けて交替に就業させる場合は就業時転換に関する事項
- □ 賃金（臨時の賃金などを除く）の決定、計算・支払の方法、賃金の締切り・支払の時期、昇給に関する事項
- □ 退職に関する事項（解雇の事由を含む）

相対的記載事項（独自に定めているものがあれば記載しなければならないもの）

- □ 退職手当を定める場合は、適用される労働者の範囲、退職手当の決定、計算・支払の方法、支払の時期に関する事項
- □ 臨時の賃金など（退職手当を除く）、最低賃金額を定める場合、または労働者に食費、作業用品などを負担させることを定める場合には、これに関する事項
- □ 安全、衛生、職業訓練、災害補償、業務外の傷病扶助を定める場合には、これに関する事項
- □ 表彰、制裁を定める場合には、その種類、程度に関する事項
- □ 上記のほか、事業場の労働者のすべてに適用される定めをする場合には、これに関する事項

就業規則と労働契約の関係

就業規則で定める基準に達しない労働条件を定める労働契約については、その部分は無効となります。この場合、無効となった部分は、「就業規則で定める基準によること」とされています。

06 健康診断

重要度 ★★☆

事業者には、労働者の心身の健康と安全を守るために配慮すべき義務があります

✓ 雇入れ時と定期的に受診させる健康診断がある

　事業者は、**常時使用する労働者を雇い入れるときは、その労働者に対して、医師による健康診断を受診させる必要があります**。これを**雇入れ時の健康診断**といいます。ただし、医師による健康診断を受けた後、**3ヵ月**を経過しない労働者を雇い入れる場合に、労働者が健康診断の結果を証明する書面を提出すれば、その書面を雇入れ時の健康診断に代えることができます。

　健康診断にはほかに、**定期健康診断**があります。事業者は、**常時使用する労働者に対し、1年以内ごとに1回、医師による健康診断を定期的に受診させなければならない**というものです。そして、深夜業に従事する労働者に対しては、深夜業に配置替えする際と**6ヵ月以内ごとに1回**、医師による健康診断を定期的に受診させる必要があります。これも押さえておきましょう。

　また、もしも健康診断の結果、**異常の所見があると診断された場合は、労働者の健康を保持するために必要な措置について、医師や歯科医師の意見を聴く必要があります**。これを**医師からの意見聴取**といい、医師などに意見を聴く場合には、運転者の業務の特徴や、運転者の作業環境などをあらかじめ提供します。これも重要なポイントです。

　そして、その意見を踏まえて、**労働者の就業上の措置を決定したり、健康管理を実施したりします**。これも大事なポイントですので、覚えておきましょう。また、事業者は、健康診断の結果に基づき、**健康診断個人票**を作成して、これを**5年間保存**することも押さえておきましょう。

　ここまでに解説してきた流れが、過労運転の防止（30ページ）で求められている**健康状態の把握**にあたります。次ページの図を確認しながら、しっかりと覚えましょう。

● 健康診断の主な種類と内容

雇入時の健康診断

- 事業者は、常時使用する労働者を**雇い入れるとき**は、当該労働者に対し、医師による**健康診断**を行わなければならない
- ただし、医師による健康診断を受けた後、**3ヵ月**を経過しない者を雇い入れる場合、その者が当該健康診断の結果を証明する書面を提出したときは、この限りでない
- 医師、または歯科医師からの**意見聴取**は、健康診断が行われた日から**3ヵ月**以内に行うこと

定期健康診断

- 事業者は、常時使用する労働者に対し、**1年以内ごとに1回**、定期に医師による**健康診断**を行わなければならない

特定業務従事者の健康診断（深夜業など）

- 常時従事する労働者に対し、当該業務への配置替えの際、および**6ヵ月以内ごとに1回**、定期に医師による**健康診断**を行わなければならない
- 自ら受けた健康診断について医師からの**意見聴取**は、当該健康診断の結果を証明する書面が事業者に提出された日から**2ヵ月**以内に行うこと

● 健康診断の受診から記録までの流れ

各種の**健康診断の受診**

異常の所見があった場合……

医師からの**意見聴取**

健康診断の**結果の通知**

- 事業者は、健康診断を受けた労働者に対し、当該健康診断の結果を通知しなければならない

健康診断結果の**記録の作成・保存**

- 事業者は、健康診断の結果に基づき、**健康診断個人票**を作成して、これを**5年間保存**しなければならない

※従業員数が50人以上の事業場の場合は、定期健康診断結果報告書を労働基準監督署に提出しなければならない

採用面接での持病などの把握について

採用面接では、プライバシーの侵害という観点から、適性や能力に無関係の事項について質問などをしてはならないとされています。ですが、運転中に持病が発症すると人命に関わることもあるため、健康状態や持病を把握することは、必ずしも違法にはなりません。輸送の安全確保のためには、必要なことといえるのです。

07 産前・産後等

産前・産後の休業では、「時間」や「回数」などの数字を覚えることが重要です

✓ 産前は6週、産後は8週が休業期間

　使用者は「6週間（多胎妊娠の場合は14週間）以内に出産予定の女性が休業を請求した場合、その者を就業させてはならない」（産前）、「産後8週間を経過しない女性を就業させてはならない」と定められています。これを産前産後休業といい、いわゆる産休です。

　産前は休業を請求した場合ですが、産後は「請求は不要」という違いを押さえておきましょう。

　ただし、産後6週間を経過した女性が請求した場合、医師が「支障がない」と認めた業務に就業させることは認められています。

　ほかにも、妊産婦（妊娠中の女性と産後1年を経過しない女性）が請求した場合は、時間外・休日労働をさせることはNGです。これについても、請求の有無が関係していることがポイントです。

　そして、産後に復職した場合、生後満1年に達しない子どもを育てる女性は、法令で定める休憩時間のほか、1日2回それぞれ少なくとも30分、子どもを育てるための時間を請求できます。

✓ 育休は「申出」により取得が可能

　産前・産後の休業だけでなく、子どもが1歳になるまでの間（最長2歳まで）、子どもを養育するための育児休業もあります。事業主は、労働者から育児休業の申出があったときは、特段の事情がない限り拒めません。

　育児休業は、男性の労働者も取得できます。さらに男性の場合、育児休業とは別に、子どもが生まれてから8週間以内に4週間の休業を取得することもできます。いわゆる産後パパ育休という制度です。そして、常時雇用する労働者が300人を超える事業所では、男性労働者の育児休業取得率などを公表する必要があります。

●「出産・育児」に関する大事なルール

産前産後のルール

- **産後6週間**を経過した女性が**請求**した場合において、その者について**医師**が支障がないと認めた業務に就かせることは、差し支えない
- 妊娠中の女性が請求した場合においては、ほかの軽易な業務に転換させなければならない
- 妊産婦が請求した場合においては、労働基準法に定める1週間についての労働時間、1日についての労働時間を超えて労働させてはならない
- 妊産婦が請求した場合においては、時間外労働、休日労働、深夜業をさせてはならない

育児時間のルール

- 生後満1年に達しない生児を育てる女性は、法令で定める休憩時間のほか、**1日2回**それぞれ少なくとも**30分**、その生児を育てるための**時間**を請求できる
- 子どもが**1歳**になるまでの間（最長**2歳**まで）、男女問わず**育児休業**が取得できる
- 男性の場合、子どもが生まれてから**8週間**以内に、**産後パパ育休**を**4週間**取得できる。この場合、常時雇用する労働者が300人を超える事業所では、男性労働者の育児休業取得率などを**公表**する必要がある

> 産前・産後・育児期間のそれぞれで、どんなルールがあるかを整理して覚えましょう

休業中の労働者を保護する制度

産前産後休業では、休業期間中の給与の約3分の2を補償する「出産手当金」や出産にかかる費用の一部を負担する「出産育児一時金」の制度があり（社会保険）、育児休業では、給与の約2分の1以上を補償する「育児休業給付金」の制度があります（雇用保険）。いずれの休業も、使用者には給与の支払い義務がなく、これらの制度で労働者を保護しているのです。

08 運転者の労働時間等の改善基準

改善基準告示は、輸送の安全のためにも重要な内容です。しっかりと理解を深めましょう

✓ 運転者の労働条件の向上を図ることが目的

　運転者の労働という観点から、運行の安全を確保して労働条件を向上させるための重要な基準があります。これを**自動車運転者の労働時間等の改善のための基準**（以下、改善基準告示）といいます。

　まずは概要として、次の4つを覚えておきましょう。

①自動車運転者（四輪以上）の労働時間などの改善のための基準を定めることで自動車運転者の労働時間などの**労働条件の向上を図る**ことが目的

②労働関係の当事者は、この基準を理由として自動車運転者の労働条件を**低下**させてはならず、その**向上**に努めなければならない

③労働時間の延長と休日の労働は**必要最小限**にとどめられるべきである

④通常予見することのできない業務量の大幅な増加などに伴い、時間外労働および休日労働に関する協定で定める時間外労働の限度時間を超えて臨時的に労働させる必要がある場合でも、年間**960時間**を超えない範囲内とする

✓ ルールを学ぶには用語の理解も重要

　このほかにも、ルールそのものを把握するには、ルールに出てくる用語の理解も必要です。特に重要な以下の5つについて、次ページにまとめていますので、確認しましょう。

①拘束時間
②休息期間
③一の運行
④長距離貨物運送
⑤宿泊を伴う長距離貨物運送

● 覚えておくべき労働に関する用語

拘束時間	・始業時刻から終業時刻までの「使用者に拘束されるすべての時間」で、労働時間と休憩時間(仮眠時間を含む)の合計
休息期間	・勤務と次の勤務との間にあり、疲労の回復を図るとともに、睡眠時間を含む労働者の生活時間として、使用者の拘束を受けずに労働者が自由に過ごせる時間。 休憩時間や仮眠時間などとは本質的に異なるもの
一の運行	・運転者が所属する事業場を出発してから当該事業場に帰着するまで
長距離貨物運送	・一の運行の走行距離が450km以上の貨物運送
宿泊を伴う長距離貨物運送	・1週間の運行がすべて長距離貨物運送で、一の運行における休息期間が住所地以外の場所である場合

● 36協定で定める時間外労働の限度時間とは？

原則

1ヵ月	1年
45時間（42時間）	**360時間（320時間）**

※カッコ内は、対象期間が**3ヵ月**を超える**1年単位の変形労働時間制**により労働させる労働者の限度時間

例外

1年

960時間以内

（法定休日に労働させる時間は含まない）

※通常予見することのできない業務量の大幅な増加などに伴い、臨時的に限度時間（1ヵ月45時間1年360時間）を超えて労働させる必要がある場合であっても、時間外労働および休日労働によって、改善基準告示の1日の最大拘束時間、1ヵ月の拘束時間、1年の拘束時間を超えてはならない

※自動車運転者以外の一般的な時間外労働の上限規制で適用される「時間外労働と休日労働の合計が月100時間未満」「時間外労働と休日労働の合計が2～6ヵ月の平均がすべて1ヵ月あたり80時間以内」「時間外労働が1ヵ月45時間を超えることができるのは年間6ヵ月以内」に関しては適用しない

労働基準法関係の学習も半分まで できました。
がんばりましょう！

09 拘束時間と休息期間のルール

重要度 ★★★

詳しいルールを覚える前に、まずは1日の拘束時間と休息期間の基本を押さえましょう

✓ 「1日」とは始業時刻から起算した24時間

　運行管理者として運転者の労働時間を管理するうえでは、==拘束時間==の意味を理解する必要があります。拘束時間は、==始業時刻から終業時刻までの「使用者に拘束されるすべての時間」==で、==労働時間と休憩時間（仮眠時間を含む）の合計==をいいます。

　そのうえで、1日の拘束時間は「==13時間==を超えないものとする」が原則で、延長する場合でも「最大拘束時間は==15時間==」と定められています。「13時間を超えない」ですので、「13時間ちょうど」であればOK（超えていない）です。拘束時間を延長する場合には、最大で15時間にできますが、無制限にできるわけではありません。==「1日の拘束時間が14時間を超える回数をできるだけ少なくするように努める」==というルールにより、制限があるのです。

　さて、ここで大事なのは、「1日」は==始業時刻から起算した24時間を指す==という点です。また、==休息期間==は、勤務と次の勤務との間にあり、疲労の回復を図るとともに、睡眠時間を含む労働者の生活時間として、==使用者の拘束を受けずに労働者が自由に過ごせる時間==をいいます。そして、「勤務終了後、継続==11時間==以上与えるように努める」を基本とし、「継続==9時間==を下回らないものとする」と定められています。「継続11時間以上」ですので、「11時間ちょうど」であれば、問題ありません。

　シンプルな考え方として、拘束時間が13時間、休息期間が11時間の場合、合計すると24時間です。一方、拘束時間を延長した場合の最大拘束時間は15時間で、休息期間は9時間を下回らない場合も、合計すると24時間です。どちらも合計すると24時間になる関係性になっています。

　また、==運転者の住所地での休息期間は、それ以外の場所での休息期間よりも長くなるように努めなければなりません==。押さえておきましょう。

● 1日の拘束時間と休息期間の原則とは？

1日の拘束時間	**13時間**以内（**15時間**以内） ※カッコ内は、延長する場合 ※14時間を超える回数をできるだけ少なくするように努める（週2回までが目安） ※1日とは、始業時間から起算した24時間
休息期間	継続**11時間**以上与えるよう努めることを基本とし、**9時間**を下回らない ※当該自動車運転者の住所地における休息期間がそれ以外の場所における休息期間より長くなるように努める

```
         始業                                            終業
┌──────────┬─────────────────────────────┬──────────┐
│          │           拘束時間           │          │
│ 休息期間 ├──────┬──────┬──────┤ 休息期間 │
│          │労働時間│休憩時間│労働時間│          │
└──────────┴──────┴──────┴──────┴──────────┘
```

● 拘束時間と休息期間の24時間の内訳の例

```
├──────────────── 24時間 ────────────────┤
始業                          終業
├──────────────────────┬──────────────┤
│    拘束時間：13時間      │ 休息期間：11時間  │
└──────────────────────┴──────────────┘
始業                               終業
├──────────────────────────┬──────────┤
│      拘束時間：15時間         │休息期間：9時間│
└──────────────────────────┴──────────┘
```

原則（上）と例外的（下）な場合のいずれも、合計すると24時間になります

拘束時間の適正化につながる慣行の見直し

1日の拘束時間に限りがある以上、1日の仕事量や走行距離にも限りがあります。そのため、荷主にも協力してもらい、拘束時間が運行計画よりも長くならないようにする必要があります。長時間の荷待ち、手積み・手卸しでの荷役作業、非効率な検品作業などで長時間労働が慢性化すれば、人材確保の機会損失につながり、さらには過労運転による事故が発生すると社会的信頼を失い、事業を継続できなくなるおそれもあります。拘束時間の適切な管理のためにも、「ずっとこうしていたから」などの不合理な取引の慣行を見直すことも大事です。

10 拘束時間のダブルカウント

重要度 ★★★

前日の拘束時間であり翌日の拘束時間でもある、「ダブルカウント」のルールがあります

✓ 前日の始業時刻から24時間以内の始業は要注意

1日の拘束時間は、**始業時刻から起算した24時間を1日とし、始業時刻から終業時刻までの時間**をいいます。具体的に、前日の始業時刻から24時間以内に翌日の始業時刻を迎えた場合の拘束時間を見てみましょう。

次ページの例①では、月曜日の始業時刻が8時で終業時刻が21時です。この場合の、拘束時間は **13時間** ですから、違反はありません。

では、例②の火曜日を追加した場合はどうでしょうか。

火曜日は、始業時刻が4時で終業時刻が18時ですので、拘束時間は **14時間** です。そのため、違反はないように見えますが、これは違反となります。

最大のポイントは、ここでいう「1日」は始業時刻から起算した24時間を指す点です。そのため、**月曜日の始業時刻8時から起算した24時間が「1日」となり、つまり火曜日の8時までが1日**になります。

火曜日の始業は4時ですから、そこから8時までの4時間は、月曜日の拘束時間でもあり、火曜日の拘束時間でもあります。例③のように、**ダブルカウント**が発生するのです。

その結果、月曜日の拘束時間は、始業8時から終業21時の13時間に、翌4時から翌8時までのダブルカウント分の4時間をプラスした **17時間** となり、15時間を超えます。そのため違反になるのです。前日の始業時刻から24時間以内に、翌日の始業時刻を迎えた場合の拘束時間には要注意です。シンプルに、**翌日の始業時刻が前日の始業時刻より早くなる場合は、ダブルカウントが発生する**ということを押さえておきましょう。

なお、この例では、月曜日の終業が21時で、火曜日の始業が4時ですから、休息期間は7時間です。「継続9時間を下回らない」という休息期間の要件も満たしていないので、この点でも違反になります。

●ダブルカウントの具体例

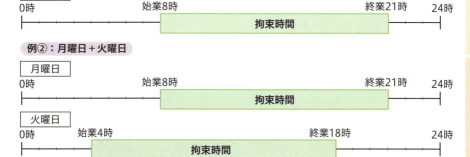

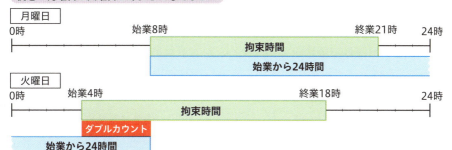

月曜日・火曜日の単体では違反なしですが、火曜日の始業時刻が月曜日の始業時刻よりも早いためにダブルカウントが発生し、違反になります

💡 自宅での自由な時間が適切な休息期間

拘束時間が同じ13時間でも、前日の始業時刻より翌日の始業時刻が早い場合は、帰宅してからの時間が短くなり、ゆっくり過ごせなくなります。このような「しんどい状態」の場合にダブルカウントが発生しますが、仕事と生活のバランスを適切にとることが重要視される現代では、労働環境の改善は不可欠です。時間の計算だけが管理ではありません。改善基準告示では、運転者の労働時間などの改善や向上が示されていることを忘れないようにしましょう。

11 宿泊を伴う長距離貨物運送

1日の拘束時間と休息期間の基本を押さえたうえでの「例外」を学んでいきます

✓ 1日の拘束時間と休息期間の例外

　拘束時間と休息期間には、例外として宿泊を伴う長距離貨物運送に関するルールがあります。宿泊を伴う長距離貨物運送とは、**1週間の運行がすべて長距離貨物運送で、一の運行（運転者が所属する事業場を出発してから当該事業場に帰着するまで）における休息期間が住所地以外の場所である場合**をいいます。そして、長距離貨物運送とは、**一の運行の走行距離が450km以上の貨物運送**をいいます。

　宿泊を伴う長距離貨物運送の場合には、1日の拘束時間は週2回を限度に16時間まで延長できます。そして、休息期間は週2回を限度に、継続8時間以上とすることができます。拘束時間が16時間で休息期間が継続8時間ですから、この場合も、合計が24時間であることがわかります。

　また、休息期間のいずれかが9時間を下回る場合には、一の運行終了後に継続12時間以上の休息期間を与える必要があります。具体的に次ページの図を見ると、月曜日から火曜日までの休息期間が8時間ですから、金曜日に帰着後の休息期間は、12時間以上とする必要があるのです。

　宿泊を伴う長距離貨物運送は、業務の性質上、休息期間を遠隔地で確保するなどの厳しい労働環境にさらされますので、**運転者の住所地における休息期間がそれ以外の場所における休息期間より長くなるように努める**ことも求められています。運転者の疲労の蓄積を防ぐためのものです。

　1日の拘束時間の延長については、14時間を超える回数は週2回までが目安とされています。週2回を限度に16時間まで延長できるのですが、とはいえ、宿泊を伴う長距離貨物運送では、往路と復路それぞれが14時間を超えてしまう場合が少なくありません。そのため現実的には、1週間について、その往路と復路以外の拘束時間は、14時間を超えることはできないのです。

●宿泊を伴う長距離貨物運送の拘束時間など

1日の拘束時間
16時間まで延長可（**週2回**まで）
※**14時間**を超える回数をできるだけ少なくするように努める
　（週2回までが目安）
※1日とは、始業時間から起算した24時間

休息期間
継続**8時間**以上（**週2回**まで）
※休息期間のいずれかが**9時間**を**下回る**場合は、運行終了後に**継続12時間以上**の休息期間を与える
※当該自動車運転者の**住所地における休息期間**がそれ以外の場所における休息期間より**長く**なるように努める

●宿泊を伴う長距離貨物運送の拘束時間・休息期間の例

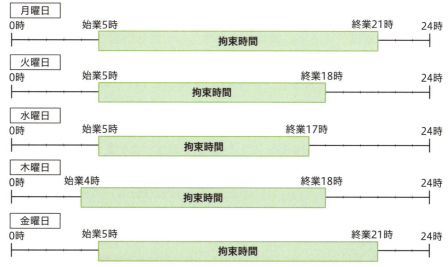

	始業時刻	終業時刻	拘束時間	休息期間
月曜日	5時	21時	（21時－5時）＝16時間	8時間
火曜日	5時	18時	（18時－5時）＝13時間	11時間
水曜日	5時	17時	（17時－5時）＋1時間（※）＝13時間	11時間
木曜日	4時	18時	（18時－4時）＝14時間	11時間
金曜日	5時	21時	（21時－5時）＝16時間	12時間以上

※「＋1時間」は木曜日とのダブルカウントの分

> 宿泊を伴う長距離貨物運送には、それ用のルールがあります。
> 1日の拘束時間など、通常の運行と比較して覚えましょう。

12 休日の取り扱い

重要度 ★★☆

休日を適切に与えるためには、取り扱いのルールを理解する必要があります

✓ 休日は休息期間＋24時間以上の継続した時間が必要

　休日は、使用者は労働者に対して、毎週少なくとも **1回**（4週間を通じて4日）以上与えなければなりません（140ページ）。これに加えて、**休息期間＋24時間以上の継続した時間を与える必要があります**。

　休息期間は、最低でも継続 **9時間** 以上与えなければなりません（150ページ）。これを踏まえると、最低限の要件として休息期間9時間＋24時間＝ **33時間** 以上を与えることで、休日として取り扱うことができます。そして、**いかなる場合でも、この時間が30時間を下回ってはならない**ことがポイントです。

　次ページの例①のように休日前の土曜日の終業時刻を20時とした場合、休息期間として9時間を与えると日曜日の5時となります。そこから24時間の継続した時間を与えることで日曜日を休日として取り扱うことができるので、休日明けの月曜日の始業時刻は **5時以降** からとなります。

　2日続けて休日を与える場合は、2日目については連続 **24時間** 以上が必要です。また、宿泊を伴う長距離貨物運送によって休息期間のいずれかが9時間を下回る場合は、一の運行終了後に継続 **12時間** 以上の休息期間を与える必要があります（154ページ）。

　この場合は、休息期間12時間＋24時間＝ **36時間** 以上を与えることで、休日として取り扱うことができます。次ページの例②のように宿泊を伴う長距離貨物運送から土曜日に帰着し、休日前の土曜日の終業時刻を20時とした場合、休息期間12時間を与えると日曜日の8時となります。そこから24時間の継続した時間を与えることで日曜日を休日として取り扱うことができ、休日明けの月曜日の始業時刻は、**8時以降** からとなります。

　ほかにも休日に労働させるには、36協定が必要で（140ページ）、回数は **2週間に1回** が限度です。これも押さえておきましょう。

● 通常勤務と宿泊を伴う長距離貨物運送での休日の違い

通常勤務の場合
休息期間＝最低**9時間**以上＋**24時間**
＝必要な時間・継続**33時間**以上

宿泊を伴う長距離貨物運送の場合
休息期間＝最低**12時間**以上＋**24時間**
＝必要な時間・継続**36時間**以上

いずれの場合も休日は、休息期間＋24時間以上が必要で、30時間を下回ってはいけません。また、2日続けて休日を与える場合は、2日目は連続24時間以上が必要です。それぞれのケースを以下で具体的に確認しましょう

例①：休日前の土曜日の終業時刻は20時で、日曜日を休日として、取り扱う場合
➡休日明けの月曜日の始業時刻は5時

土曜日 終業20時	日曜日 5時		月曜日 始業5時
拘束時間	休息期間9時間	24時間	拘束時間
	休日		
	33時間		

例②：宿泊を伴う長距離貨物運送から土曜日に帰着
　　　休日前の土曜日の終業時刻は20時で、日曜日を休日として、取り扱う場合
➡休日明けの月曜日の始業時刻は8時

土曜日 終業20時	日曜日 8時		月曜日 始業8時
拘束時間	休息期間12時間	24時間	拘束時間
	休日		
	36時間		

ルールを守るためにも休日の理解が必要

休日の要件などを理解していないと、適切に休日を与えているつもりが、実は与えていなかったということにもなります。そうなると休日労働させたことになり、割増賃金を支払う必要があります。過去にさかのぼって支払う可能性もあり、全運転者から請求されれば、想像を絶する金額となります。さらには、休日に労働させる回数は2週間に1回が限度というルールも守っていない状態になるので、休日の要件などをしっかり理解しましょう。

13 1ヵ月の拘束時間

拘束時間には、1日・1ヵ月・1年のルールがあります。
原則と例外も学びましょう

✓ 労使協定によって延長できる上限

　拘束時間を月や年で見ると、1ヵ月で **284時間** を超えず、かつ1年で **3,300時間** を超えないものとしなければなりません。ここでの1ヵ月とは、原則として暦月をいいますが、就業規則などで特定日を起算日と定めている場合は、その特定日から起算した1ヵ月でも差し支えありません。

　具体的に見てみましょう。次ページの例①を見ると、各月の労働時間はすべて284時間ですので、月単位での違反はありません。

　しかし、1年の労働時間は284時間×12ヵ月＝3,408時間で、1年の上限である3,300時間を超えています。つまり、たとえ **1ヵ月で284時間を超えなくても、12ヵ月ずっと284時間では、違反になります**。長時間労働を月単位や年単位で防止するためにも、「かつ」という言葉が入っているのです。

　ただし、ここでも例外があり、労使協定がある場合は、1年のうち6ヵ月までは1ヵ月で284時間を超えて **310時間まで延長** することができ、かつ、1年では **3,400時間まで延長** できます。とはいえこの場合でも、1ヵ月の拘束時間が284時間を超える月が **3ヵ月を超えて連続しない** ものとし、かつ、1ヵ月の時間外労働と休日労働の合計時間数が **100時間** 未満とするように努める必要があります。

　例②で具体的に確認しましょう。まず、1年では合計3,400時間ですので、延長可能な最大の時間内です。また、284時間を超える月は赤枠の4月・8月・11月・12月・1月・3月ですが、1年のうち6ヵ月を超えていません。最大310時間まで延長できる点についても、12月と3月が該当しますが、どちらも上限の310時間です。

　そして、284時間を超える月が連続しているのも、11月・12月・1月のみで、3ヵ月を超えて連続していません。よって、違反はありません。

●1ヵ月と1年の拘束時間の原則と例外

原則　1ヵ月：**284時間以内**　かつ　1年：**3,300時間以内**

例外（労使協定がある場合）　1ヵ月：**310時間以内**　かつ　1年：**3,400時間以内**
※1ヵ月の拘束時間が**284時間**を超える月が**3ヵ月**を超えて連続しないものとし、かつ、1ヵ月の**時間外労働及び休日労働**の合計時間数が**100時間未満**となるよう努めること

上記について、以下の具体例を確認しましょう

例①：1年について3,300時間を超えている → NG！

	4月	5月	6月	7月	8月	9月	10月	11月	12月	1月	2月	3月	1年間合計
拘束時間	284時間	284時間	284時間	284時間	284時間	284時間	284時間	284時間	284時間	284時間	284時間	284時間	3,408時間

例②：労使協定がある場合 → OK！

	4月	5月	6月	7月	8月	9月	10月	11月	12月	1月	2月	3月	1年間合計
拘束時間	295時間	284時間	245時間	267時間	300時間	260時間	250時間	295時間	310時間	300時間	284時間	310時間	3,400時間

●拘束時間を延長するための労使協定で定める事項

- 協定の対象者
- 1年について各月及び年間合計の拘束時間
- 協定の有効期間
- 協定変更の手続など

延長する拘束時間はあらかじめ計画

労使協定は労働者と使用者の約束ごとで、使用者は、労働組合や労働者の過半数を代表する者との書面による協定によって、拘束時間を延長できます。ですから、後付けではなく、あらかじめ計画した年間の合計や各月の拘束時間に基づき、協定によって労使間で定めることになります。なお、1ヵ月や1年の拘束時間に関しては、ダブルカウント（152ページ）の部分は計算に入れません。

14 運転時間

運転時間には「特定日」という基準があります。これをしっかり覚えることが第一歩です

✓ 運転時間には2つのルールがある

拘束時間だけでなく、運転時間にも次の2つのルールがあります。
① 2日（始業時刻が起算の48時間）を平均して1日あたり **9時間** を超えない
② 2週間を平均して1週間あたり **44時間** を超えない

これを踏まえて2日を平均した1日あたりの運転時間を学習しましょう。
まず、運転時間を計算する際に基準となる日を **特定日** といいます。そして、その **特定日**・特定日の **前日**・特定日の **翌日** の運転時間が計算に必要な情報です。計算方法は以下の通りで、〈1〉〈2〉のいずれもが9時間を超えないことが、ルールに適合していることになります。

〈1〉（特定日の前日の運転時間＋特定日の運転時間）÷ 2日
〈2〉（特定日の運転時間＋特定日の翌日の運転時間）÷ 2日

次ページの例①の通り、1日目・2日目・3日目の運転時間で、2日目を特定日とした場合、2日を平均した1日あたりの運転時間は、〈1〉9.5時間、〈2〉9時間です。この計算結果がいずれも9時間を超えていると違反になりますが、この例では一方が9時間を超えているのみですので、違反にはなりません。なお、すべての日を特定日として計算した場合でも、2日を平均した1日あたりの運転時間が9時間を超えることはNGです。

次に、2週間を平均した1週間あたりの運転時間については、以下の式で計算します。

（第1週の合計運転時間＋第2週の合計運転時間）÷ 2週間

たとえば第1週と第2週の運転時間が41時間の場合は、例②のように41時間となり、44時間を超えていないのでルールに適合していることになります。なお、この計算では特定日という基準はなく、また、1週目と2週目、3週目と4週目を計算するので、2週目と3週目の計算は不要です。

● 運転時間の具体的な計算方法

2日平均の計算

$$\text{2日を平均した1日あたりの運転時間} = \begin{cases} \langle 1 \rangle (\text{特定日の前日の運転時間} + \text{特定日の運転時間}) \div 2日 \\ \langle 2 \rangle (\text{特定日の運転時間} + \text{特定日の翌日の運転時間}) \div 2日 \end{cases}$$

〈1〉と〈2〉ともに **9時間**を超えないものとすること

例①：2日目を特定日とした場合の3日間の運転時間が下表だとすると…

	1日目 （特定日の前日）	2日目 （特定日）	3日目 （特定日の翌日）
運転時間	10時間	9時間	9時間

$$\text{2日を平均した1日あたりの運転時間} = \begin{cases} \langle 1 \rangle (\text{1日目の運転時間 10時間} + \text{2日目の運転時間 9時間}) \div 2日 = 9.5時間 \\ \langle 2 \rangle (\text{2日目の運転時間 9時間} + \text{3日目の運転時間 9時間}) \div 2日 = 9時間 \end{cases}$$

〈1〉と〈2〉の両方が**9時間**を超えていない＝ 違反なし！

2週間平均の計算

$$\text{2週間を平均した1週間あたりの運転時間} = \frac{\text{第1週の合計運転時間} + \text{第2週の合計運転時間}}{2}$$

1週間あたり**44時間**を超えないものとすること

例②：仮に第1週・第2週ともに41時間だとすると…

$$\text{2週間を平均した1週間あたりの運転時間} = \frac{(\text{第1週})41時間 + (\text{第2週})41時間}{2} = 41時間$$

44時間を超えていない＝ 違反なし！

起算日から2週間ごとで区切るため、4週目まである場合は、1週目と2週目、3週目と4週目が、それぞれセットになります

15 連続運転時間

連続運転時間については、余裕をもった運行計画を立てることが何よりも重要です

✓ 連続運転の中断方法は原則として休憩

　運転時間には==連続運転時間==もあり、==1回がおおむね連続10分以上で、かつ、合計が30分以上の運転の中断をすることなく連続して運転する時間==をいいます。連続運転時間では、**4時間を超えない**ことがルールです。つまり、4時間を超えないように、運転を**中断**する必要があります。

　中断は、原則として休憩によって行うことになります。荷積、荷卸での中断はできませんが、運転時間としても扱いません。また、10分未満の運転の中断が3回以上連続するなどの場合は、「おおむね連続10分以上」に該当しません。次ページの例①の場合がそれにあたります。

　例外として、高速道路などのサービスエリアやパーキングエリアなどに駐車や停車ができないため、やむを得ず連続運転時間が4時間を超える場合は、連続運転時間を **4時間30分まで延長** できます。この場合、デジタル式運行記録計や運転日報などで記録する必要があります。

　ただし、サービスエリアなどが常態的に混雑していることを知りながら連続運転時間が4時間を超えるような場合は、この例外は認められません。**あくまでもやむを得ない場合に限り適用される例外**です。連続運転時間が4時間30分に延長されたのではありませんから、運転の中断のために適切に休憩が確保された、余裕をもった運行計画を立てることが重要です。

　また、==**連続運転時間のカウントは、中断の時間が合計30分になるとリセットされ、そこから新たにカウントがはじまります**==。ですから例②のように、2時間おきに15分の休憩をして中断した場合、2回目の15分の休憩で中断の時間が合計30分になるので、ここでリセットされます。

　同様に例③では、2時間の運転後の30分の休憩により、カウントがリセットされ、新たに連続運転時間のカウントがはじまり、3時間の運転後の30分の休憩によって、カウントはまたリセットされます。

● 連続運転時間の原則と例外

原則	**4時間**を超えないものとすること 1回がおおむね**連続10分以上**かつ、合計が**30分以上**の運転の中断。 ただし、1回が**10分未満**の運転の中断は、**3回以上連続**してはならない ※運転の中断については、原則として**休憩**を与えるものとする（下の例外でも同様）
例外	高速道路等のサービスエリアまたはパーキングエリアなどに、駐車または停車できないため、やむを得ず連続運転時間が**4時間**を超える場合、連続運転時間を**4時間30分**まで**延長**することができる

 これに基づいて考えると…

例①：連続運転時間と休憩

運転①	休憩①	運転②	休憩②	運転③	休憩③	運転④	休憩④
1時間	9分	1時間	9分	1時間	9分	1時間	3分

いずれも休憩時間が10分に満たないので、違反になります

例②

運転	休憩	運転	休憩
2時間	15分	2時間	15分

↑ ここでリセット！

例③

運転	休憩	運転	休憩
2時間	30分	3時間	30分

↑ ここでリセット！　↑ ここでリセット！

30分以上の中断でリセットされることを覚えておきましょう

運転時間でも余裕ある計画が重要

連続運転時間について、「4時間ごとに30分の休憩のみで中断する」「4時間ギリギリまで運転し続けなければならない」「4時間の連続運転がもっとも効率的」などと考えるのはNGです。2時間の連続運転時間でも、30分の中断でカウントはリセットされます。そのため、早めに休憩してリセットし、連続運転時間の違反を回避できる運行計画を立てることが求められています。運行管理者は「ギリギリが美徳」でないことを肝に銘じ、運行計画には余裕をもつことが大事です。

「管理職＝管理監督者」ではない

　労働時間・休憩・休日のルールについて、一部適用されない者がいます。それは、「管理監督者」です。そのため、管理監督者には36協定がなくとも、1週間に40時間を超える労働や1日8時間を超える労働をさせることができます。また、時間外労働や休日労働の割増賃金を支払う必要もありません。ただし、深夜業（22時から翌5時まで）の割増賃金は、支払う必要があり、有給休暇も一般労働者と同様に与える必要があります。

　管理監督者とは、経営者と一体的な立場にある者をいいます。具体的には、経営者から重要な責任と権限を委ねられている必要があり、立場や権限を踏まえた実態から、おもに以下の基準によって判断されます。

- 経営に関わる重要な方針の決定などについて権限がある
- 採用・解雇などの人事に関する責任と権限が実質的にある
- 一般労働者と異なり、労働時間について厳格な管理をされておらず、出勤や休日などの労働時間に関する裁量がある
- 賃金について、一般労働者と比較して、その地位にふさわしい待遇がなされている

　そのため、「センター長」「支店長」といった肩書や役職があっても、自らの裁量で行使できる権限が少なかったり、上司に決裁を仰ぐ必要が多くあったり、上司の命令を部下に伝達するだけの者は、管理監督者とは認められません。

　肩書とわずかな手当が与えられ、しかし業務内容と待遇が相応でない、「名ばかり管理職」の職務と待遇を見直す必要があります。

第 **5** 章

実務上の知識及び能力

> 本章では、実務上の知識及び能力を学習します。交通事故や健康被害などの「あってはならないこと」に対して、予防をメインに、起きた場合の対処法や同じことを起こさないように何をすべきかなどの視点で見ていきましょう。

第5章 MAP

本章では「実務上の知識及び能力」の
必修ポイントを学習！
MAPを見て全体像をつかもう

1～2 自動車の特性

自動車にはたらく力や、自動車の運転における現象からスタート！ 事故を防ぐためにも大切な知識です

3 人間の視覚の特性

人間の機能としてどうしても陥ってしまう錯覚を含め、視覚に関する知識や特性を学びます

4～5 異常気象・緊急事態への対応

異常気象や緊急事態では、何より人命優先です。そのために運行管理者や運転者は何をしなければならないかなどを速習！

6~8

事故を防止するための装置や措置

事故を未然に防止するための有効な手段を具体的に解説します。運行管理者として行うべきことなど、実務にもお役立ち！

9~10

健康管理で大切なこと

健康に起因する事故を未然に防止するために、日頃からすべきことを学びます。医師と事業者の連携も重要です

11~12

飲酒・薬物の影響による危険運転防止

アルコール依存症と飲酒運転の関係性、覚せい剤などの薬物使用の禁止の徹底について解説します。どちらも人間の抑えきれない依存性が関係しています

各テーマのポイントをつかんだら次ページからの本編へGo！▶▶▶

01 自動車の運転に関する特性等

重要度 ★★☆

空走距離、制動距離、停止距離の関係性をしっかりと押さえておきましょう

✓ 車が停止するまでには2つの距離がある

　前の車に追従して走行するときは、前の車が急に停止しても追突を避けられるように、安全な車間距離を保つ必要があります。なぜなら、車は急には止まれないからです。

　車が停止するまでには、運転者が危険を感じてからブレーキを踏み、ブレーキが実際に効きはじめるまでの間に車が走る距離（**空走距離**）と、ブレーキが効きはじめてから車が停止するまでの距離（**制動距離**）が必要で、空走距離と制動距離の2つをあわせたものを**停止距離**といいます。

　運行管理者は、前の車に追突する危険が生じた場合でも安全に停止できるように、**停止距離に留意して安全に停止できる速度や車間距離を保って運転する**ことを、運転者に対して指導する必要があります。

　また、運転者が疲れているときは、危険を感じてブレーキを踏むまでに時間がかかるので、**空走距離は長くなります**。悪天候で道路が濡れている場合や積載物が重い場合には、**制動距離が長くなります**。そのため、運転時のコンディションによっては、通常より車間距離を長くとることも指導します。

　ほかにも、自動車に働く自然の力を理解することで、車間距離の重要性が見えてきます。動いているものがそのまま動き続けようとする性質を**慣性**といい、それによって生じる力を**慣性力**といいます。**慣性力は自動車の重量に比例し、重量が増加するほど、制動距離が長くなります**。また、慣性力の一種で円の中心から遠ざかる方向に働く力を**遠心力**といいます。

　そして、物体がほかの物体に衝突したときに受ける力を**衝撃力**といいます。これは、追突事故の被害に大きく関係し、**速度の2乗に比例**します。速度が2倍になると4倍に、速度が3倍になると9倍になるのです。

　追突事故を防ぐためにも停止距離を考慮した速度や車間距離が重要です。

● 運転に重要な3つの距離の関係

停止距離	・運転者が危険を感じてから車が停止するまでの距離 ・空走距離＋制動距離
空走距離	・運転者が危険を感じ、ブレーキを踏み、 　ブレーキが実際に効きはじめるまでの間に車が走る距離
制動距離	・ブレーキが効きはじめてから車が停止するまでの距離 ・速度が速くなるほど制動距離は長くなり、速度の2乗に比例する

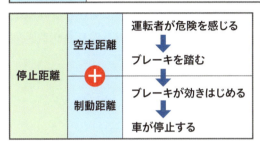

危険を察知してから車が停止するまでには、思いのほか時間や距離が必要なことを理解しましょう

● 自然と自動車に働く3つの力

① 慣性力
- 動いているものは動き続けようとする性質を**慣性**といい、それによって生じる力
- 慣性力は自動車の**重量に比例**し、重量が増加するほど、制動距離が長くなる

② 遠心力
- 円の中心から遠ざかる方向に働く力
- カーブの半径が**小さい**ほど、遠心力が**大きく**なる
- カーブの半径が**2分の1**になると、遠心力は**2倍**になる
- 速度の**2乗に比例**し、速度が2倍になると**4倍**に、速度が3倍になると**9倍**になる
- 自動車の重量およびカーブの半径が同一の場合に、速度を**2分の1**に落として走行すると、遠心力の大きさは**4分の1**になる

③ 衝撃力
- 物体がほかの物体に衝突したときに受ける力
- 双方がともに時速50kmの速度で衝突した場合、時速100kmで固定物に衝突するに等しい
- 時速60kmで固定物に衝突すると、高さ14メートルから落下したときの衝撃に等しい
- 速度の**2乗に比例**し、速度が2倍になると**4倍**に、速度が3倍になると**9倍**になる

02 自動車の運転における現象

運転時にはさまざまな現象が起きます。名称と特徴をキーワードで紐づけて覚えましょう

✓ 特徴と防止するための指導

　自動車の運転時に起きる現象は、大きく分けてタイヤに関連するものとブレーキに関連するものがあり、また、トレーラ特有のものもあります。
　タイヤに関連するものとしては、次の3つがあります。
① ハイドロプレーニング現象
② ウエットスキッド現象
③ スタンディングウェーブ現象
　これらは、タイヤの空気圧などが関係するため日常点検（82ページ）で防止できるもの（①と③）、急ハンドルや急ブレーキを避けることで防止できるもの（②）に分けられます。次ページの表を確認しましょう。
　ブレーキに関連するものには、次の2つがあります。
① フェード現象
② ベーパーロック現象
　どちらも**フット・ブレーキを使いすぎることで発生**します。そのため運行管理者は、下り坂などではフット・ブレーキのみでの運転を避け、**エンジン・ブレーキなども使用するように運転者に指導**する必要があります。
　最後に、トレーラ特有のものとしては、ジャックナイフ現象があります。
　トラクターとトレーラを連結した車両が、滑りやすい路面で急ハンドルや急ブレーキなどをした際に、トラクターの後輪がロックしてタイヤが滑り、トラクターとトレーラが連結部で「くの字」に折れ曲がる現象です。これには、168ページの慣性力や遠心力が大きく関係しています。
　これらの内容は、次ページにキーワードでまとめています。確認しておきましょう。

●自動車の走行時に生じるさまざまな現象とキーワード

分類	現象	内容
タイヤ関連	ハイドロプレーニング現象	・路面が水で覆われているときに高速で走行すると、水上スキーのようにタイヤが水の膜の上を滑走すること
		指導の際は… 日頃からスピードを抑えた走行に努めるべきことや、タイヤの空気圧・溝の深さが適当であることを日常点検で確認することの重要性を指導
	ウエットスキッド現象	・雨の降りはじめにタイヤと路面の間に滑りが生じて、自動車の方向が急激に変わったり、流されたり、スリップしたりすること
		指導の際は… 速度を落とし、車間距離を十分にとって、不用意な急ハンドルや急ブレーキを避けるように指導
	スタンディングウェーブ現象	・タイヤの空気圧不足で高速走行した時、タイヤの接地部分に波打ち現象が生じてセパレーションやコード切れが発生すること ・タイヤの空気圧が低すぎる場合には、疲労摩耗を招くだけでなく燃費の悪化をもたらす
		指導の際は… 空気圧が適当であることを日常点検で確認するように指導
ブレーキ関連	フェード現象	・フット・ブレーキの使いすぎによって、ブレーキドラムやブレーキライニングが摩擦で過熱し、ドラムとライニングの間の摩擦力が減ってブレーキの効きが悪くなること
		指導の際は… 下り坂などでは、エンジン・ブレーキなどを使用し、フット・ブレーキのみの使用を避けるように指導
	ベーパーロック現象	・急な下り坂などでフット・ブレーキを使いすぎると、ブレーキドラムやブレーキライニングが過熱し、その熱がブレーキ液に伝わってブレーキ液内に気泡が発生してブレーキが効かなくなること
		指導の際は… 下り坂などでは、エンジン・ブレーキなどを使用し、フット・ブレーキのみの使用を避けるように指導
トレーラ特有	ジャックナイフ現象	・トラクターとトレーラを連結した車両が、滑りやすい路面で急ハンドルや急ブレーキなどの急激な運転操作を行ったときに、トラクターの後輪がロックしてタイヤが滑り、トラクターとトレーラが連結部で折れ曲がり「くの字」になること
		指導の際は… 不用意な急ハンドル、急ブレーキを避けるように指導

「現象」を効率的に覚えるためのキーワードは…

ハイドロプレーニング現象	ウエットスキッド現象	スタンディングウェーブ現象	フェード現象	ベーパーロック現象	ジャックナイフ現象
滑走	雨の降りはじめ	波打ち	摩擦	気泡	くの字

それぞれの内容を確認しながら、キーワードから現象を連想できるようにしましょう

03 視覚の特性

重要度

運転において、視覚がどのような影響をおよぼしているかを知ることが大事です

✓ 安全運転には「良好な視力」と「十分な視野」が必要

　大型免許を取得・更新するには両眼で0.8以上、片眼でそれぞれ0.5以上の視力が必要で、遠近感や立体感などを判断する深視力の検査もあります。このことからも、運転には、眼からの情報が重要だといえます。

　ここでは、運転中の物の見え方などを学習していきます。まず、**視覚**とは、光の刺激を受けて生じる感覚をいい、さまざまな能力をもっています。なかでも運転に重要な能力として、以下の3つがあります。

① **視力**：静止している物の形や動いている物の形・動きを見分ける能力
② **視野**：視界を広く見る能力
③ **光覚**：光を感じる能力

　高速運転をすると視力が低下し、特に近くのものが見えにくくなる＝視野が狭くなります。視野が狭くなると、周辺の景色が視界から消えて物の形を正確に捉えることができなくなり、その結果、周辺の危険要因の発見が遅れ、事故につながります。

　運行管理者は、こうした点を運転者に理解させる必要があります。

　光覚に関するものでは、明るいところから暗いところに入った場合に、目が慣れて次第に物が見えるようになることを**暗順応**といいます。そのため、暗いトンネルなどに入る場合には、速度を落とすように指導します。

　また、眼は錯覚を起こすこともあります。特に大型自動車は、運転席の位置が高く見下ろす形になるため、実際よりも車間距離に余裕があるように感じます。その結果、車間距離が短くなりやすいのです。注意しましょう。

　ほかにも夜間に、自分の車と対向車のライトの光が反射し合い、間にいる歩行者や自転車が見えなくなる**蒸発現象**、対向車のライトを直接目に受けると、まぶしさで一瞬視力を失った状態になる**眩惑現象**があります。

●主な視覚の能力

視力	静止している物の形や動いている物の形・動きを見分ける能力
視野	視界を広く見る能力 ・高速運転をすると視力が低下し、特に近くのものが見えにくくなり、視野が狭くなる ・静止しているときの視野は両目200度、片目160度 ・速度が速くなればなるほど視野は狭くなり、周辺の景色が視界から消え、物の形を正確に捉えることができなくなる **指導の際は…** 高速運転時は車の周辺の危険要因の発見が遅れ、事故につながるおそれが高まることを理解させるように指導
光覚	光を感じる能力
色覚	色を見分ける能力
両眼視	両眼で立体的に物を見る能力

●明順応と暗順応の違い

明順応(めいじゅんのう)
・暗いところ(トンネルなど)から明るいところへ出た場合に、まぶしさが次第に薄れ、明るさに慣れて物が見えるようになること

暗順応(あんじゅんのう)
・明るいところから暗いところへ入った場合に、目が慣れて、次第に物が見えるようになること
・暗順応のほうが、慣れるまでに時間がかかる

指導の際は… 暗いトンネルなどに入る場合は、速度を落とすように指導

●大型車と二輪車の距離の錯覚

大型車
・大型車は運転席の位置が高いため、実際より車間距離に余裕があるように感じる
指導の際は… 適正な車間距離をとるよう指導

二輪車
・二輪車は死角に入りやすいため、その存在に気づきにくい
・二輪車は速度が実際より遅く感じたり、距離が遠くに見えたりする特性がある
指導の際は… 特性に注意するように指導

●夜間に要注意の2つの現象

① 蒸発現象
・夜間走行中、自車のライトと対向車のライトで、お互いの光が反射し合い、その間にいる**歩行者や自転車が見えなくなる**現象
指導の際は… 暗い道路で特に起こりやすいので、夜間の走行の際には十分注意するように指導

② 眩惑現象
・夜間に対向車のライトを直接目に受けると、まぶしさのために、一瞬**視力を失った状態**になること
指導の際は… 視線をやや左前方へ移すことで対処するなど、夜間の走行の際には十分注意するように指導

04 異常気象

異常気象時における運転者への適切な指示や必要な措置などを学んでいきましょう

✓ 異常気象時には、運転者は運行管理者の指示に従う

　貨物自動車運送事業者は、異常気象その他の理由によって輸送の安全の確保に支障が生じるおそれがあるときは、乗務員等に対して適切な指示などの輸送の安全を確保するために必要な措置を講じなければなりません。これにおいて運転者は、運行管理者の指示に従うこととされています。

　異常気象その他の理由とは、**大雨・大雪・暴風などの異常気象、土砂崩壊・路肩の軟弱などの道路障害**をいいます。そして、**必要な措置**とは、**暴風警報などの伝達、避難箇所の指定、運行の中止などの指示**をいいます。

　これには、雪道を走行するおそれがある場合は、日常点検の際に整備管理者などによって冬用タイヤの溝の深さがメーカー推奨の使用限度を超えていないことなどが確認されていること、滑り止めの措置が講じられていることの確認も含まれます。

　異常気象時における措置の目安は、次ページの通りに定められています。もしも、輸送の安全を確保するための措置を適切に講じずに輸送したことが確認された場合には、事業者には行政処分が下される可能性があるので要注意です。なお、これらの措置は、異常気象で輸送の安全の確保が困難な状況であるにもかかわらず、事業者が荷主に輸送を強要され、トラックが横転するなどの事故が発生したことが背景にあります。

　安全な輸送ができない状況であるにもかかわらず、荷主に輸送を強要された場合には、国土交通省に設置する**意見募集窓口**、**適正取引相談窓口**に通報することが推奨されています。通報の結果、荷主の輸送の強要が明らかな場合、荷主は**荷主勧告**（行政処分）の対象となります。ちなみに、ここでいう荷主には、実際に荷物の運搬を依頼した真荷主だけでなく、下請事業者に対する元請の貨物自動車運送事業者などの利用運送も含まれます。

● 異常気象の場合の運行管理者の役割とは？

異常気象
- 大雨
- 大雪
- 暴風雨　…など

運行管理者は……
- [ ] 異常気象に関する**情報収集**
- [ ] 運行中の運転者への**適切な指示**
　：運行中止、運転方法、避難箇所の指定
　　　　　　　　　　　　　　…など

異常気象の場合、運送の中断などを運転者自らの判断で行わせては決していけません

● 異常気象の場合の措置の目安

気象状況		輸送の目安
降雨時	20〜30mm/h	輸送の安全を確保するための措置
	30〜50mm/h	輸送を中止することも検討するべき
	50mm/h以上	輸送することは適切ではない
暴風時	10〜20m/s	輸送の安全を確保するための措置
	20〜30m/s	輸送を中止することも検討するべき
	30m/s以上	輸送することは適切ではない
降雪時	大雪注意報発表	必要な措置を講じるべき
視界不良時 （濃霧・風雪など）	視界が概ね 20m以下	輸送を中止することも検討するべき
警報発表時		輸送の安全を確保するための措置を講じたうえで輸送の可否を判断するべき

 人命や安全より優先される輸送はない

異常気象時には輸送の中止という英断も必要です。どんな状況でも輸送しなければ「荷主に迷惑がかかる」は誤りです。異常気象時に無理に輸送すれば、荷主に行政処分が下される可能性があり、かえって迷惑がかかるのです。「よかれと思って」は免罪符になりません。

05 緊急事態

事故・踏切内での立ち往生・大地震の３つについて、措置や手順を理解しましょう

✓ 事故発生時に現場を離れるのはNG

運転者の遵守事項（114ページ）の復習でもありますが、交通事故が発生した場合の措置は、以下の順序で行うことが義務付けられています。

①運転者はただちに車両の**運転を停止**
②負傷者を**救護**
③道路における**危険を防止**する
④警察官に**報告**

事故が発生した場合、現場を離れてはいけないことが大事なポイントです。

次に、踏切内で立ち往生した場合の措置は、以下の３つが手順です。

①ただちに踏切支障報知装置の**非常ボタンを押す**
②**発炎筒を使用**して、列車の運転士などに踏切内にトラックが立ち往生していることを知らせる
③トラックを**踏切の外に移動**させるための措置を講じる

また、大地震が発生した場合の措置としては、**避難のために自動車を使用しない**ことが前提です。やむを得ず道路上に自動車を置いて避難するときは、次の４つを行います。**緊急車両などの通行や避難に際して、誰でもその自動車を移動させられるようにするため**です。

①エンジンを**止める**
②エンジンキーは**付けたまま**にする
③窓を**閉める**
④ドアは**ロックしない**

このような運行中の緊急事態に対しては、適切な措置がとれるようにあらかじめ運転者に指導します。そのうえで、訓練を定期的に行うこと、緊急事態時の対応マニュアルを携行させることも重要です。

●事故が発生した場合の措置の手順

事故が発生

1. 運転者はただちに車両の**運転を停止**
2. **負傷者を救護**
3. 道路における**危険を防止**
4. 警察官に**報告**

●踏切内で立ち往生した場合の措置の手順

踏切内で立ち往生

1. ただちに、踏切支障報知装置の**非常ボタン**を押す
2. 発炎筒を使用して、列車の運転士などに、踏切内に当該トラックが立ち往生していることを知らせる
3. トラックを踏切の外に**移動**させるための措置を講じる

●大地震が発生した場合の大事な措置

大地震が発生したら……

- ❗ 避難のために自動車を使用しない
- ❗ 急ハンドルや急ブレーキを避け、できるだけ安全な方法で道路の**左側**に寄せて停止
- ❗ カーラジオなどで地震情報や交通情報を聞き、その情報や周囲の状況に応じて行動する
- ❗ 自動車を置いて避難するときは、できるだけ**道路外**の場所に移動させる
- ❗ やむを得ず道路上に自動車を置いて避難するときは……
  - ①エンジンを止める
  - ②エンジンキーは**付けたまま**にする
  - ③窓を閉める
  - ④ドアは**ロックしない**

06 運転支援装置等

重要度 ★★★

運転支援装置はさまざまにあります。指導事項や指導時の活用方法を含めて学んでいきます

✓ 運転支援装置があるからといって過信はNG

　自動車に備えられている運転支援装置は、あくまで**運転を支援**するものです。それらの性能に関する知識や理解が不十分であったり、性能を過大評価したりすると、事故の要因となります。運転支援装置の機能を正しく使うためにも、運行管理者は運転者に対して、**性能や使用上の注意などを指導**する必要があります。次ページの表で、代表的な運転支援装置等の性能や指導のポイントを押さえておきましょう。

　そのなかで、衝突被害軽減ブレーキについて解説します。

　これは、**レーダーなどにより先行車との距離を常に検出し、追突の危険性が高まったら、まずは警報し、運転者にブレーキ操作を促します**。しかし、それでもブレーキ操作をせず、追突、もしくは追突の可能性が高いと車両が判断した場合に、**システムにより自動的にブレーキをかけて衝突時の速度を低く抑える**ものです。

　装置が正常に作動していても、走行時の周囲の環境によっては、障害物を正しく認識できなかったり、衝突を回避できなかったりすることがあります。つまり、前方の車両などに衝突する危険性が生じた場合に、どんな走行条件でも確実にレーダーで検知して自動的にブレーキが作動し、衝突を回避できるものではありません。あくまで衝突時の速度を低く抑える装置です。

　そのため、衝突被害軽減ブレーキが備えられている自動車の運転者に対しては、**装置を過信せず、細心の注意をはらって運転するように指導**します。

　ほかにも、安全運転の指導に活用できる装置もあります。

　たとえば、運行記録計の一種であるデジタル式運行記録計は、記録から最高速度の超過や急発進、急減速の有無が確認できるので、記録をもとに運転者に対して安全運転・経済運転を指導できます。

● 押さえておきたい「運転支援装置等」のポイント

車線逸脱警報装置	・走行車線を認識し、車線から逸脱したり、逸脱しそうになったりした場合には、運転者が車線中央に戻す操作をするように警報が作動する装置
	指導の際は… 勝手な判断で警報音、装置の切断などをしないように運転者に指導
車両安定性制御装置	・急なハンドル操作や積雪がある路面の走行などを原因とした横転の危険を運転者に警告するとともに、エンジン出力やブレーキ力を制御して横転の危険を軽減させる装置
	指導の際は… 急ハンドルなどの走行を可能にする装置ではないため、装置を過信せずに運転するように指導
アダプティブ・クルーズ・コントロール（ACC）	・レーダーなどで前方を監視し、運転者がセットした車速を維持するとともに、先行車との車間距離を適正に維持して追従走行する装置
	指導の際は… 運転操作が軽減されることや先行車との車間距離が維持される安心感から、居眠り運転をしたり、装置の過信による前方不注意での事故が発生することを運転者に指導する
アンチロック・ブレーキシステム（ABS）	・急ブレーキをかけたときなどのタイヤのロック（回転が止まること）を防ぐことで、車両の進行方向の安全性を保ち、また、ハンドル操作で障害物を回避できる可能性を高める装置
	指導の際は… ABSを効果的に作動させるために、できるだけ強くブレーキペダルを踏み続けることが重要であることを運転者に指導
衝突被害軽減ブレーキ	・レーダーなどにより先行車との距離を常に検出し、追突の危険性が高まったら、まずは警報し、運転者にブレーキ操作を促し、それでもブレーキ操作をせず、追突、もしくは追突の可能性が高いと車両が判断した場合に、システムにより自動的にブレーキをかけて衝突時の速度を低く抑える装置
	指導の際は… 装置が正常に作動していても、走行時の周囲の環境によっては障害物を正しく認識できないことや、衝突を回避できないことがあるため、装置を過信せずに細心の注意をはらって運転するように指導
映像記録型ドライブレコーダー	・交通事故やニアミスなどにより、急停止などの衝撃を受けるとその前後の映像とともに加速度などの走行データを記録する装置（常時記録の機器もある）
	指導の際は… 事故時の映像だけでなく、運転者のブレーキ操作やハンドル操作などの運転状況を記録できるものがある。その記録を解析・診断することで運転のクセ等を読み取ることができ、運転者への安全運転の指導に活用
デジタル式運行記録計	・運行記録計の一種で車両の運行にかかる速度・時間などを、自動的にメモリーカードなどに記録する装置
	指導の際は… 運行管理者は、デジタル式運行記録計の記録図表などを用いて最高速度の超過や急発進・急減速の有無を確認し、記録データをもとに運転者に対して安全運転、経済運転を指導
	記録される瞬間速度・運行距離・運行時間などから、運行の実態を分析して安全運転などを指導する際の資料として活用
	ドライブレコーダーによる危険度の高い運転やヒヤリ・ハットの映像記録とデジタル式運行記録計の速度・加速度などのデータを連携させて、運転行動全体を的確に把握し、運転指導や運行管理の改善に活用

07 事故防止①

重要度

事故防止について、まずは基本的な考え方を中心に理解を深めていきましょう

✓ 実態の把握ができていないと直接的な対策にならない

交通事故の防止対策を効率的・効果的に行うには、**事故を多角的に分析し、実態を把握したうえで、PDCA サイクルを繰り返す**ことが大事です。
① **計画**の作成（**P**lan）
② 対策の**実行**（**D**o）
③ 効果の**評価**（**C**heck）
④ **見直し**と**改善**（**A**ction）

事故の背景には必ず原因があるので、事故対策は原因に対して有効なものでなければなりません。そのためには「なぜ」事故が発生したのかを深掘りしていく必要があります。たとえば追突事故が発生した場合「原因は前方不注意」では足りません。「なぜ前方不注意だったのか」などの**「なぜ？」を繰り返し、その先にある真の原因にたどり着く**必要があるのです。

そして、再発防止対策を講じる際には、次のような優先順位があります。
① 事故が発生した原因の行動や作業をなくしたり、別の行動や作業に変更したりすることでリスクを下げる
② ①が難しいときは、機械・設備の設置・使用で防止する
③ ②が難しいときは、ルールや行動、教育訓練などで防止する

これにより直接的で有効な対策を講じることができます。③の先には「④ 個人用保護具の使用」がありますが、すでに身体に影響が出ると想定された段階ですので、①〜③の段階で対策することが推奨されています。

また、ハインリッヒの法則では、**1 件の重大災害の背景には、29 件の軽微事故と 300 件のヒヤリ・ハットがある**とされています。そのため、ヒヤリ・ハットを減少させることも事故防止には有効で、事故やヒヤリ・ハットの指導には、映像記録型ドライブレコーダー（179 ページ）の活用が効果的です。

● PDCAサイクルによる事故防止

下表のように、計画段階から危険除去を可能な限り行う「本質的対策」①、機械・設備による「工学的対策」②、教育訓練・作業管理などの「管理的対策」③という優先順位で検討します。④はすでに事故が発生したことを前提としていますので③までの措置で未然に防ぐことが重要です

● 再発防止策の考え方の優先順位

①	事故が発生した原因の行動や作業をなくしたり、別の行動や作業に変更したりすることでリスクを下げる
②	①が難しいときは、機械・設備の設置・使用で防止する
③	②が難しいときは、ルールや行動、教育訓練などで防止する
④	個人用保護具の使用

● ハインリッヒの法則とは？

交通事故でも、1件の重大な事故（死亡・重傷事故など）が発生する背景には多くのヒヤリ・ハットがあるとされています

💡 人は間違い、機械は壊れるので過信はNG

事故の多くは、人の不安全な行動や不完全な状態による、ヒューマンエラーによって発生します。一方で、機械・設備の機能などによる事故対策は、「人の行動に依存しない」点が特徴です。そのため、人が間違ったことをしても、機械・設備によって被害が低減できるのですが、「人は間違う、機械は壊れる」ことも意識しましょう。

08 事故防止②

重要度

事故発生の原因や防止のための有効手段などについて、基本的な知識を学びましょう

✓ 教育訓練も指導・監督の1つ

　交通事故にもさまざまな種類がありますが、事故の約半数を占めるほど多発しているのが**追突**です。また、**事故の発生件数は、10時〜11時の日中に多く、一方で死亡事故率は、0時以降の早朝・深夜のほうが高い傾向**にあります。ほかにもどんな場合に交通事故が起こりやすいかを、事故防止の有効な手段とあわせて次ページで確認しましょう。

　ちなみに、衝突被害軽減ブレーキと速度抑制装置は、180ページの事故の再発防止対策における「②機械・設備の設置・使用で防止」にあたります。また、適性診断、指差呼称、教育研修は、「③ルールや行動、教育訓練などで防止」にあたり、シートベルトの確実な着用は、「④個人用保護具の使用」にあたります。

　これらにおける教育研修を行ううえでのポイントは、次の5つです。
①**知識を普及**させることに重点を置く手法
②**問題を解決**することに重点を置く手法
③グループ討議や参加体験型の研修など、**運転者が参加**する手法
④指導者の**育成**および**資質の向上**
⑤外部の**専門的機関の活用**
　①〜③を実施し、かつ④と⑤も求められているのです。

　また、運転者の指導・監督を継続的、計画的に実施するための基本的な計画を作成し、そのうえで計画的・体系的に指導・監督を実施することも大事です。そして、指導・監督の内容は、具体的に記録し、指導・監督に使用した資料の写しを添付して**3年間保存**します。これも大事なポイントとして押さえておきましょう。

● 交通事故が起こりやすいケースとは？

事故の主な要因	・**追突**が事故の**約半数**を占める。ついで出会い頭の事故が多い 　**指導の際は…** 適正な車間距離の確保や、前方不注意の危険性などに関する指導を徹底する ・**漫然運転**、脇見運転、安全不確認により発生 ・人的要因、**ヒューマンエラー**によるもの 　**指導の際は…** ヒューマンエラーによる交通事故の発生を未然に防止する必要があることを指導する
時間帯別事故件数	・10時～11時の日中の事故が多い
時間帯別死亡事故件数	・早朝4時～5時がもっとも多く、0時以降の早朝・深夜に多発
対歩行者・対自転車の年齢別死者数	・割合として**65歳**以上の高齢者が多い 　**指導の際は…** 運転者に対し、高齢の歩行者などは、身体的機能の低下により危険の発見回避が遅れることなどを考慮して運転するように指導する

● 事故防止のための有効な手段

適性診断	運転者の**運転行動**、運転態度、および性格などを**客観的に把握**し、安全運転にとって好ましい方向へ変化するよう動機づけすることにより、運転者自身の安全意識を**向上**させるためのもの
指差呼称	運転者の錯覚、誤判断、誤操作などを**防止**するための手段であり、道路の信号や標識などを指で差し、その対象がもつ名称や状態を声に出して**確認**することをいい、安全確認に重要な運転者の**意識レベルを高める**もの
教育研修	下記の手法を取り入れ、進めていく ・**知識**を普及させることに重点を置く手法 ・**問題を解決**することに重点を置く手法 ・グループ討議や「参加体験型」研修など、運転者が**参加**する手法 ・**飲酒**による運転への影響を指導
シートベルトの確実な着用	指導の際に下記の情報について、**周知徹底**する ・シートベルト非着用時の致死率は、着用時の致死率より**高い** ・自動車乗車中の死者のシートベルト非着用者の割合は、全体の**約40%** ・自分の手足で支えられる力は、自分の体重の2～3倍が限度（自動車が時速7kmで衝突した力に相当）。そのため、危険から自分を守るためにシートベルトの着用が必要

自動車に備え付ける装置としては、衝突被害軽減ブレーキ（178ページ）と速度抑制装置（88ページ）も事故防止に有効です。あわせて覚えておきましょう。

09 運転者の健康管理

重要度

健康に起因する事故を未然に防ぐためにも、病気の早期発見や予防が重要です

✓ 健康に起因する事故の防止には生活習慣の改善が不可欠

　近年、脳卒中や心臓病などに起因した運転中の**突然死**による事故が、増加傾向にあります。脳卒中や心臓病などの発症には、暴飲暴食や運動不足などの生活習慣が大きく関係しているとされ、**生活習慣病**と呼ばれています。自動車の運転中に心臓疾患（心筋梗塞、心不全など）や大血管疾患（急性大動脈解離、大動脈瘤破裂など）が起こると、ショック状態、意識障害、心停止などが生じ、事故を回避するための行動をとれずに重大事故を引き起こすおそれがあります。

　こうした健康に起因する事故を防止するためにも、**定期的な健康診断の結果に基づいた生活習慣の改善が欠かせません**。また、定期健康診断だけでは脳血管の異常を発見することは難しいので、脳ドックを受診させることにより、早期発見に努める必要があります。発症前の早期発見や予防が非常に重要なのです。

　運転者の健康管理は、事業者の法的義務でもあります。

　次ページに事業者に課されるものをまとめていますが、運転者の健康診断の結果に異常の所見があった場合、**医師からの意見聴取**（144ページ）が必要です。結果を把握し、そのうえで乗務の可否や乗務の際の配慮事項などの意見を聴かなければならないのです。また、運転者に対しては、必要に応じて精密検査などを受けるように指導することが望まれます。

　異常の所見があって医師からの意見聴取で乗務が認められず、治療・入院した運転者が職場に復帰する場合は、復帰について再度、医師からの意見聴取が必要となります。その際には、時間外労働、深夜業務、休日労働、就業時間短縮、業務の制限などの就業制限の有無を含めた職場復帰に関する意見を確認すること（口頭ではなく**医師からの意見書**などの書面）、健康診断の個人票の「**医師の意見**」欄に記入を求めることが推奨されます。

●事業者に課された「健康管理」の法的義務

- 乗務員等の健康状態の**把握**
- **業務前点呼**で、疾病などで安全な運転ができないおそれの有無などを確認
- 安全な運行の業務やそのための補助ができないおそれがある乗務員等を、事業用自動車の運行の業務に従事させてはならない
- 雇入時の健康診断、および定期健康診断の実施

●押さえておきたい3つの「健康診断」

① 雇入時の健康診断
事業者は、常時使用する労働者を**雇い入れるとき**は、当該労働者に対し医師による**健康診断**を行わなければならない

② 定期健康診断
事業者は、常時使用する労働者に対し、**1年以内ごとに1回**、定期に医師による**健康診断**を行わなければならない

③ 特定業務従事者の健康診断（深夜業等）
常時従事する労働者に対し、当該業務への配置替えの際および**6ヵ月以内ごとに1回**、定期に医師による**健康診断**を行わなければならない

事業者は、健康診断の結果を記録（健康診断個人票を作成）し、**5年間保存**

●健康診断の例外とは？

- 運転者が自ら受けた健康診断（人間ドックなど）であっても、法令で必要な定期健康診断の項目を充足している場合は、法定健診として**代用**することができる
- 事業者が指定する医師による定期健康診断ではなく、ほかの医師による健康診断に相当する健康診断を受診した場合は、その結果を証明する書面を**提出**する
- 運転者が自ら受けた健康診断の結果を提出したものについても、**5年間保存**する

●健康診断の結果に異常の所見があった場合の対応

- **事業者**は、**医師**に対し、その運転者の**乗務の可否**、**乗務させる場合の配慮事項**などについて、**意見**を求めなければならない（健康診断個人票の医師の意見欄に記入してもらう）
- 健康上の問題点をはっきりさせるために、必要に応じて、さらに**精密検査**などを受けるよう、運転者に指導することが望まれる

健康管理にも行政処分がある

疾病や疲労などのおそれのある者や健康診断未受診者による健康に起因する事故が発生した場合にも、自動車の使用停止命令という行政処分が下される可能性があります。

10 睡眠時無呼吸症候群（SAS）

重要度 ★★☆

睡眠時無呼吸症候群（SAS）と事故の関係性やスクリーニング検査について理解しましょう

✓ 運転中に突然意識を失うような睡眠に陥る

睡眠時無呼吸症候群（**SAS**）とは、睡眠中に舌が喉の奥に沈下して気道が塞がれ、睡眠中に何度も呼吸が止まったり、止まりかけたりする状態になることです。これにより質の良い睡眠がとれず、日中に強い眠気や疲労などを引き起こし、運転中に突然意識を失うような睡眠に陥ることもあります。

SASによる居眠り運転での事故は、**1人での運転、高速道路の走行時、渋滞による低速での走行時に多く発生**し、重度のSAS患者は、**短期間に何度も事故を引き起こすことが多い**といわれています。

SASも生活習慣と大きく関連する疾病ですので、**バランスのとれた食事、運動、休養などによって予防**することが重要です。また、SASを早期発見し早期治療することも大事ですので、運転者を対象に、**精密検査が必要かどうかを判断するためのスクリーニング検査（簡易的な検査）をする**ことも大事です。睡眠の質が評価測定できるものは、早期発見に特に有効です。

スクリーニング検査は、**運転者全員**に実施することが基本で、雇入時のタイミングに行い、その後は3年に一度を目安に定期的に実施することが求められています。検査の結果、SASの疑いのある運転者には、早期に精密検査を受けさせます。そして、精密検査でSASと診断された場合は、事業者は医師と相談し、治療開始までの間、負担のない勤務スケジュールに変更するなどの対応が必要です。

適切な治療と勤務スケジュールによって質の良い睡眠をとることができれば、運転に支障が出るほどの眠気や疲れを感じずに乗務できるようになります。また、軽症の場合は、残業を控えるなどの業務上の負荷の軽減や、睡眠時間を多くとる、過度な飲酒を控えるなどの生活習慣の改善により、業務が可能な場合があります。

●睡眠時無呼吸症候群（SAS）のポイント

- 睡眠時に舌の沈下により気道が閉塞する
- 睡眠中の呼吸停止や日中の強い眠気が起こる
- 高血圧、脳卒中などの合併症の要因になる
- SASの場合、SASでない人に比べて交通事故のリスクが約2.4倍に増加
- 男性運転者の約7～10％、女性の約3％が中等度以上の睡眠呼吸障害
- 事業者には、運転者や家族と一体となって、SASの早期発見・早期治療に取り組む社会的責任がある
- 事業者は労働時間や運行シフトにも注意を払い、運転者が十分な睡眠を確保できるよう配慮する必要がある
- 運転者に対して、睡眠時間の確保・快適睡眠のための生活習慣など、睡眠の重要性について教育

早期発見のための簡易検査（スクリーニング検査）
・基本的に運転者全員を対象に実施
・検査の頻度は3年に一度が目安

Wellnee Sleep（画像提供：株式会社ネクストリンク(next-link.tokyo)）

簡易検査には、ベルトを巻いて寝るだけで睡眠の質などをグラフなどで見ることができ、分析レポートを確認できるものがあります

11 アルコール依存症

アルコール依存症と飲酒運転の関係性を知ることも、運行管理者として大事です

✓ 運行途中の休息期間中に飲酒するケースもある

　アルコール依存症は、多量の飲酒を続けることで脳の機能が変化し、自分では酒を飲む量・時間・状況などをコントロールできなくなる病気です。専門医による早期の治療をすることにより回復が可能ですが、**一度回復しても飲酒することにより、再発する**ことがあります。

　アルコール依存症になると、飲酒をコントロールできなくなるため、運行途中の休息期間に飲酒をしてしまうケースが考えられます。実際に、食事休憩の際に飲酒したケース、帰庫前の荷卸し後に飲酒したケース、車内での仮眠時に寝酒として飲酒するケースによって、飲酒運転となった事例があります。なお、**寝酒が眠りをサポートするというのは、誤った認識**です。飲酒によってかえって眠りが浅くなり、睡眠の質が悪化しますので、期待している効果は得られません。それだけなく、アルコール依存症につながる危険性もあります。

　運行管理者は運転者に対して、運転者が遵守すべき事項や運行の安全を確保するための技能・知識の習得を目的とした、指導・監督を適切に行わなければなりません。これには、飲酒についても含まれます。**飲酒が身体に与える影響、飲酒運転、酒気帯び運転の禁止などを指導**する必要があるのです。

　具体的な指導の1つに、アルコールが体内で分解処理される時間の目安があります。アルコール1単位を飲むと、体内での処理に**約4時間**かかるというものです。分解にかかる時間は、性別、年齢、体質、体調などでも変わりますが、次ページの表で内容を確認しましょう。

　また、飲酒や薬物の影響を受けた危険な状態での運転には、厳しい罰則が定められています。もちろん下命、容認があった場合は、さらに厳しいものとなります。**飲酒運転、酒気帯び運転は、絶対にNG**です。

●アルコール依存症のポイント

- 常習的な飲酒運転の背景
- 専門医による早期の治療をすることにより回復が可能
- 一度回復しても飲酒することにより再発することがある
- アルコール依存症から回復した運転者に対しても飲酒に関する指導を行う必要がある

●アルコールの1単位の目安

種類	度数	量
ビール	5%	500mℓ（ロング缶1本）
日本酒	15%	180mℓ（1合）
ウイスキー	43%	60mℓ（ストレートでダブル1杯）
焼酎	25%	100mℓ（ストレートで小コップ半分）
ワイン	12%	200mℓ（小グラス2杯）
チューハイ	7%	350mℓ（ショート缶1本）

※1単位の分解にかかる時間、男性約4時間、女性約5時間

●飲酒運転による運転者・事業者への行政処分と刑事処分

●運転者

	刑事処分	行政処分
酒酔い運転	5年以下の懲役または100万円以下の罰金	35点（免許取消・欠格期間3年）
酒気帯び運転	3年以下の懲役または50万円以下の罰金	0.25mg以上：25点（免許取消・欠格期間2年） 0.15mg以上0.25mg未満：13点（免許停止90日）

●事業者（行政処分）

運転者が飲酒運転を引き起こした場合	車両使用停止	初違反100日車 再違反 200日車
酒酔い・酒気帯び運行が行われた場合で、点呼が未実施の場合		
酒酔い・酒気帯び運行が行われた場合で、飲酒が身体に与える影響、飲酒運転、酒気帯び運転の禁止に係る指導が未実施の場合		

運転者が飲酒運転を引き起こした場合で、点呼も指導監督も未実施の場合には、事業者は初違反でも、車両使用停止300日車の行政処分を受ける可能性があります

12 禁止薬物

覚醒剤取締法違反なだけではなく、健康管理の一環としても薬物使用は絶対NGです

✓ 薬物使用禁止の徹底も運行管理者の責務

　事業者は、運転者等の健康状態を把握し、疾病、疲労、睡眠不足、酒気を帯びた状態、その他の理由により、**安全に運行の業務ができないおそれがある者を乗務させてはなりません**（30ページ）。また、運転者に対する点呼では、疾病、疲労、睡眠不足その他の理由により**安全な運転ができないおそれの有無について、報告を求め、確認を行わなければなりません**（34ページ）。

　ここでいう**その他の理由**とは、覚せい剤や危険ドラッグなどの薬物の服用や異常な感情の高ぶりなどをいいます。また、道路交通法では、酒気帯び、過労、病気、薬物の影響などによって正常な運転ができないおそれがある状態で車両などを運転してはならないとされています。

　どちらにおいても、**覚せい剤や危険ドラッグなどの薬物の服用は禁止**されているのです。そのため、運行管理者は運転者に対して、覚せい剤等の薬物が身体に与える影響や薬物使用が重大な事故につながるおそれがあることを十分に理解させる必要があります。そして、薬物使用の禁止についてあらゆる機会を通じて強力に指導し、**運転者に薬物使用の禁止を徹底させる**ことが求められています。

　薬物使用の防止にも、スクリーニング検査があります。実際の運用例としては、以下の4つが推奨されています。

① **採用時**に薬物スクリーニング検査を行い、薬物使用者が入社するリスクを回避する
② **1年**（または**2年**）に1回、定期的に検査を行う
③ 毎年従業員の30％程度の検査を行い、**3年**で全従業員の検査を行う
④ **毎年**ランダムに従業員を選定して検査を行う

　薬物使用の抑止力になるためにも、検査が活用されています。

●薬物使用の禁止の徹底

- 外部の専門的機関も活用しつつ、覚せい剤などの薬物が身体に与える影響や薬物使用が重大な事故につながるおそれがあることなどを含め、薬物使用の禁止について運転者に対して、あらゆる機会を通じて強力に指導する
- 点呼時のみならず、運転者の行動や健康状態の把握を徹底し、外形的変化や日常の業務態度（言動の変化、遅刻が多い）などを確認する

●スクリーニング検査の運用例

①	採用時に薬物スクリーニング検査を行い、薬物使用者が入社するリスクを回避する
②	1年、または2年に1回、定期的に検査を行う
③	毎年従業員の30％程度の検査を行い、3年で全従業員の検査を行う
④	毎年ランダムに従業員を選定して検査を行う

画像提供：株式会社ネクストリンク
(next-link.tokyo)

首元などをガーゼでふき取るだけで10種類以上の薬物を検知できるスクリーニング検査もあります。事業者も運転者も負担なく検査できれば、日常的に検査ができ、薬物使用での運転を回避できます

 なぜ当たり前のことがあえて求められているのか？

覚せい剤などの薬物の服用は、法律で禁止されています。ではなぜ今、運行管理においても、薬物使用の禁止を徹底することが求められているのでしょうか。過去に、覚せい剤を使用して運行が行われた可能性があるとして、事業用自動車の運転者が覚醒剤取締法違反の容疑で逮捕されました。それを受けて国土交通省は、輸送の安全のために決してあってはならない事案だとして、運転者の薬物使用の禁止を徹底するように声明を出しました。これにより、薬物使用の禁止の徹底が、自動車運送事業者に強く求められているのです。

ルネスタよしお

大手物流会社に勤務し、運行管理者試験の受験者への講義や合格後の
実務講習などを行い、合格率は9割を誇る。これまでに、運行管理者
（貨物・旅客）、第二種大型自動車免許、乙種第四類危険物取扱者、第
一種衛生管理者、衛生工学衛生管理者、産業心理カウンセラー、
ISO45001（労働安全衛生）審査員、ISO9001（品質）審査員、
ISO14001（環境）審査員、ISO39001（道路交通安全）内部監査員、
安全管理者選任時研修講師、第一種講師などの資格を取得。その経験
をもとに運行管理者の試験対策動画をYouTubeチャンネル「ルネスタ
よしお【運輸安全講師】」で公開。登録者数は2.8万人超。運行管理者
の関連動画だけで総再生回数が約330万回に達し、「動画だけで一発
合格できた」などと受講者から好評を得ている。著書に『この1冊で
合格! 教育系YouTuberルネスタよしおの運行管理者 貨物 テキスト＆
問題集』（KADOKAWA）がある。

YouTubeチャンネル
（YouTube上で「ルネスタよしお」で検索！）
https://www.youtube.com/@unkokanri

ゼロからスタート!
教育系YouTuberルネスタよしおの運行管理者 貨物
1冊目の教科書

2025年 4 月22日　初版発行

著者／ルネスタよしお

発行者／山下 直久

発行／株式会社KADOKAWA
〒102-8177　東京都千代田区富士見2-13-3
電話 0570-002-301(ナビダイヤル)

印刷所／株式会社加藤文明社

製本所／株式会社加藤文明社

本書の無断複製（コピー、スキャン、デジタル化等）並びに
無断複製物の譲渡および配信は、著作権法上での例外を除き禁じられています。
また、本書を代行業者等の第三者に依頼して複製する行為は、
たとえ個人や家庭内での利用であっても一切認められておりません。

●お問い合わせ
https://www.kadokawa.co.jp/（「お問い合わせ」へお進みください）
※内容によっては、お答えできない場合があります。
※サポートは日本国内のみとさせていただきます。
※Japanese text only

定価はカバーに表示してあります。

©Yoshio Runesuta 2025　Printed in Japan
ISBN 978-4-04-607398-3　C3065